DÉFENSE

DE L'OPUSCULE INTITULÉ

MONSEIGNEUR DUPANLOUP

DU MÊME AUTEUR :

MONSEIGNEUR DUPANLOUP, ÉPISODE DE L'HISTOIRE CONTEMPORAINE, 1845-1875. In-8°.......... 3 »

DES CHAPITRES CATHÉDRAUX EN FRANCE, DEVANT L'ÉGLISE ET DEVANT L'ÉTAT. In-8° (*).......... 7 50

MÉMOIRE POUR LE CHAPITRE CATHÉDRAL DE NICE. 1 vol. in-8° (**) 3 50

DÉCRETS ET CANONS DU CONCILE DU VATICAN, AVEC LES DOCUMENTS QUI S'Y RATTACHENT ET UNE TABLE ANALYTIQUE. Nouvelle édition augmentée de la lettre pastorale de Mgr Plantier, évêque de Nîmes, sur la définition de l'infaillibilité du Pontife romain, et de la constitution sur les censures, avec une explication. 1 vol. in-12.......... 3 50

LES ÉVÊQUES D'ORLÉANS DEPUIS LES ORIGINES CHRÉTIENNES JUSQU'A NOS JOURS. In-12.......... 2 »

MONSIEUR RAILLON, évêque nommé d'Orléans en 1810. Réponse au *Constitutionnel* du 22 août 1860.......... 1 »

DIVERS OPUSCULES D'INTÉRÊT LOCAL, publiés à Orléans.

(* **) N. B. — Ces deux ouvrages ont été l'objet des félicitations de S. S. Pie IX.

1187.76. — BOULOGNE (SEINE). — IMPRIMERIE JULES BOYER.

DÉFENSE

DE L'OPUSCULE INTITULÉ

MONSEIGNEUR DUPANLOUP

PAR L'AUTEUR

Mgr VICTOR PELLETIER

Chanoine de l'Église d'Orléans

Chapelain d'honneur de Sa Sainteté Pie IX

DEUXIÈME ÉDITION

PARIS

RENÉ HATON, LIBRAIRE-ÉDITEUR

33, RUE BONAPARTE, 33

(Près Saint-Germain-des-Prés)

1876

SOMMAIRE

La brochure intitulée *Monseigneur Dupanloup, épisode de l'histoire contemporaine*, 1845-1875, a été mise en vente à Paris dans les premiers jours de février 1876; cet ouvrage a causé de l'émotion, à Orléans surtout.

L'appel au Saint-Siége n'a point empêché mes adversaires de me poursuivre par devant l'opinion; il serait contraire à l'équité de me contester le droit de me défendre. Si donc ici l'on vient me reprocher de manquer de respect au juge suprême, je renverrai le reproche à mes accusateurs qui, eux-mêmes les premiers, ont commis la faute.

Mais non, à part la forme et l'injustice des imputations, il n'y a aucune faute de la part de mes adversaires, et pareillement la publication de la présente *Défense* n'a rien en soi de répréhensible. Pourvu que l'autorité du Saint-Siége demeure sauve, à notre avis du moins, la controverse, décente, sérieuse, peut continuer. D'abord personne ne saurait affirmer que le Pape prononcera; l'affaire est complexe. Ensuite, si l'on consulte les précédents, on voit par l'histoire ecclésiastique que, à moins d'une défense expresse émanée du Siége apostolique, il n'a jamais été interdit aux théologiens, engagés dans une discussion, de faire valoir, même en public, leurs raisons de part et d'autre, même en cas d'appel et avant décision.

Nous en avons un exemple mémorable au XVIIe siècle, à propos du livre des *Maximes des saints*, publié par Fénelon. Ce livre, d'un commun accord entre Fénelon et Bossuet, avait été soumis au Saint-Siége. La cause fut pendante près de deux ans (1697-1699). Or, tout le monde sait que, durant cette période, les deux prélats n'ont cessé, même dans des instructions pastorales, de soutenir leurs idées; et cette intéressante controverse, sur des points touchant à la vie intérieure et mystique, n'a pas été sans profit pour les examinateurs romains.

Aujourd'hui il s'agit de questions plus sérieuses encore, de questions éminemment sociales; il s'agit de la base même des États chrétiens.

C'est pourquoi, dans l'intérêt de la vérité, nous croyons indispensable de discuter les griefs accumulés contre notre opuscule. Quoique nous n'ayons pas tout dit, nous ne venons rien ajouter; nous offrons seulement à nos censeurs des explications et des réponses sur les points qui les ont choqués.

Qu'il nous soit permis de formuler un regret. Nous rappelions tout à l'heure la célèbre controverse de Bossuet et de Fénelon. Du moins les deux adversaires étaient dignes l'un de l'autre. Or, dans la discussion présente, si j'obéissais au sentiment de mon infériorité, je me tairais. En présence des hommes éminents que compte l'épiscopat français, je me suis souvent demandé pourquoi la tâche pénible de signaler certains dangers incombait à un simple prêtre. Si un évêque eût pris la plume, il aurait discerné et observé beaucoup mieux que moi les convenances et les délicatesses de la situation; sa parole aurait trouvé nécessairement plus de crédit, soulevé moins d'orages, retenti en France et partout avec plus d'efficacité. Aussi suis-je prêt à céder la place à quiconque se présentera.

Il demeure entendu que cette *Défense*, comme mon premier travail, est soumise à la correction du Saint-Siége.

DÉFENSE

DE L'OPUSCULE INTITULÉ

MONSEIGNEUR DUPANLOUP

I

Mgr l'évêque d'Orléans, en 1866, écrivait, en tête d'un de ses ouvrages, les lignes suivantes :

> La lettre que j'ai publiée sur les *Malheurs et les signes du temps* a soulevé de grandes clameurs; je n'en ai pas été surpris. On ne signale pas de tels périls, en un temps comme celui-ci, sans importuner ceux qui ne voudraient ni voir ni entendre, sans irriter ceux qui voudraient qu'on ne vît pas ou qu'on n'entendît rien.
>
> J'aurais pu désirer plus d'équité dans les appréciations de mon acte, je ne pouvais m'attendre à moins de colère. Par une tactique connue, employée naguère contre un grand acte pontifical, on a résumé cette lettre tout entière dans des formules exagérées jusqu'à l'absurde, et làdessus on s'est donné pleine carrière (1).

Nous demandons à l'éminent polémiste la permission de nous approprier ses pensées et ses expressions. Tout ce qu'il dit de l'accueil peu gracieux que sa lettre a reçu de la part des libres penseurs, nous croyons pouvoir le répéter, au sujet de l'irritation qui s'est manifestée chez les catholiqnes libéraux, à l'apparition de notre travail intitulé : MONSEIGNEUR DUPANLOUP. Aussi nous ajouterons avec lui :

> Et maintenant qu'on a tout dit, et que j'ai laissé la parole et le champ libre à mes contradicteurs, je dois parler de nouveau moi-même. Je le ferai avec une tristesse profonde, je l'avoue, mais avec la détermination tranquille qui convient, quand on aime assez son pays pour lui dire la vérité, même au péril de déplaire; quand on a la conscience de parler pour remplir un grand devoir; pour avertir, non pour blesser; pour montrer l'abîme, avant qu'on y tombe (1)... »

Plusieurs, sans doute, nous feront remarquer que le péril dont se préoccupait avec tant de raison Mgr Dupanloup, l'athéisme, l'emporte sur les dangers que présente le catholicisme libéral. Nous leur

(1) L'*Athéisme et le péril social*, p. 7.
(2) *Id.*, p. 8.

répondrons que Pie IX, dans un langage accentué, n'a point hésité à flétrir le catholicisme libéral, comme étant, à certain point de vue, plus redoutable que le radicalisme. D'ailleurs, radicalisme et libéralisme ont des principes communs; la différence entre eux est du plus au moins.

Dans la même brochure, le prélat énumère en détail les injures dont ses adversaires l'ont gratifié ; cette litanie toute seule est une preuve éclatante de l'impuissance à laquelle ses contradicteurs avaient été réduits. En effet, quand on a de bonnes raisons à opposer, on ne s'égare pas dans les violences du langage. Nous croyons devoir suivre cet exemple. A défaut de réfutation sérieuse, sans doute impossible, mes adversaires ont épuisé, à mon sujet, tout ce que le dictionnaire pouvait leur fournir de qualificatifs outrageants ; il est bon que le lecteur ait tout d'abord sous les yeux cette édifiante nomenclature.

I. Pamphlet. — Inqualifiable conduite. — Méritant le blâme le plus énergique (1).

II. Attaque odieuse (2).

III. Véritable scandale qui doit être réparé. — Acte coupable et répréhensible dans tous les temps, surtout dans les temps actuels. — L'auteur n'a pas le moindre sentiment des malheurs de notre sainte mère l'Eglise (3).

IV. Injure. — Séméï qui jette des pierres. — Indignités et calomnies. — Un tel scandale. — Une telle chute. — On est stupéfait de ce que, dans certaines aberrations d'esprit, on peut faire de sa conscience (4).

V. Déplorable écrit. — L'auteur prend à tâche de braver le sentiment public soulevé universellement (5).

VI. Indiscipline cléricale. — Grand scandale. — Mauvaise action. — Acte odieux. — Infatigable malignité. — Diatribe. — Interprétations et suppositions plus d'une fois perfidement groupées. — Ingratitude et calomnie. — Subtil gloseur. — Chanoine dévoyé. — Œuvre malsaine. — Compilation faussement commentée des déclarations de l'Eglise, des écrits et des actes de l'évêque d'Orléans. — Fruit exclusif d'un esprit dépité, d'un tempérament inquiet, en qui le fiel s'accumule goutte à goutte pour déborder de loin en loin à flots pressés (6).

VII. Acte odieux qui afflige et indigne. — Lamentable scandale (7).

VIII. Déplorable écrit. — Libelle scandaleux. — Chanoine accusateur de son évêque. — Séméï qui jette des pierres (8).

IX. Attaque inqualifiable contre laquelle on se fait un devoir de protester (9).

X. Douloureux scandale que tout Orléanais déplore. — Un grand scandale. — Libelle qui diffame et outrage. — Publication qui n'aura eu que le triste mérite d'un immense scandale. — Imputations diffuses et

(1) *Annales religieuses* d'Orléans, 19 février 1876.
(2) Adresse à Mgr l'évêque d'Orléans, *Annales, ibid.*
(3) Lettre de Mgr l'archevêque de Paris, *Annales*, 26 février.
(4) Lettre de Mgr l'évêque d'Orléans, *Annales, ibid.*
(5) *Annales*, 26 février.
(6) *L'Indiscipline cléricale; courte réponse à M. le chanoine Pelletier.* Orléans et Paris, chez tous les libraires; prix : 50 cent.
(7) Adresse à Mgr l'évêque d'Orléans, *Annales*, 4 mars.
(8) *Annales*, 11 mars.
(9) Adresse au Pape, *Annales*, 11 mars.

doieuses. — Injustice et inconvenance de cet acte d'accusation dirigé par un prêtre sans mission contre son évêque (1).

XI. Un libelle. — Textes torturés. — Faux frère. — Prêtre qui érige une chaire contre son évêque. — Sème la zizanie et tourmente l'Eglise. — Diffamateur. — Maltraite des amis et des frères (2).

XII. Phrases et intentions torturées. — Sentiments attribués faussement à l'évêque d'Orléans. — Accusations injustes et calomnieuses. — L'auteur dit que Mgr Dupanloup est un révolutionnaire, ami des principes repoussés par l'Eglise, et qui veut l'alliance avec la révolution, thèse qui ne repose absolument sur rien et qui tend à dénigrer une des lumières de l'Eglise en France. — Polémique insubordonnée. — Précédent destructeur de tout ordre et donnant lieu à des scandales qui causent un grand dommage à l'Eglise et à la société. — Autorité épiscopale vilipendée par ceux qui doivent aux fidèles l'exemple de la soumission (3).

XIII. Une prévarication par laquelle on prête la main aux communards pour mettre le feu au monde. — Calomnies. — Hardiesse d'un rebelle qui condamne le Saint-Siége lui-même. — Révolte publique et avouée. — Seconde les mécréants qui veulent introduire un principe d'anarchie dans l'Eglise. — Libelle. — Abominable exemple. — L'auteur méprise préventivement le jugement du Pape. — Organe de mensonges. — Foule aux pieds les paternelles exhortations. — Chute stigmatisée d'un blâme universel. — Conduite monstrueuse (4).

XIV. Phrases et intentions torturées (5).

XV. Livre inspiré par un zèle détestable. — Félonie. — Aberration qui voit dans l'évêque non l'envoyé de Dieu, mais celui du peuple. — Chanoine libelliste. — Fait qui émeut la conscience catholique (6).

Il est certain que tout homme, qui, sans savoir de quoi il s'agit, prendra connaissance de la nomenclature qui précède, prononcera sur le champ que l'ecclésiastique, ainsi publiquement stigmatisé, n'a pu se rendre coupable que d'une faute énorme, soit d'avoir hautement enseigné l'hérésie, soit de s'être révolté contre l'autorité de l'Église, soit enfin d'avoir apostasié. Je serais un La Mennais, un Hyacinthe qu'on ne dirait rien de plus fort. Cependant l'auteur a voulu mettre sa plume au service de l'Église et des saines doctrines, et, en fait, dans ses pages, on ne signale aucune erreur. Pourquoi donc tant d'émotion ? Pourquoi ces expressions indignées ? Pourquoi ces jugements qui proclament un crime patent, sans excuse, sans atténuation possible ? Si l'auteur, ce qu'il faudrait démontrer, a dépassé les bornes d'une juste critique, s'il a manqué d'égards envers un haut dignitaire, si même il a mal choisi le moment, ce serait regrettable sans doute; mais une pareille faute ne mérite certainement pas une explosion d'épithètes enflammées. Il s'ensuit que l'opinion a été égarée, que des voix autorisées et retentissantes ont, sans le vouloir, nous le supposons, amené des esprits même sérieux, impartiaux et voulant l'être, à croire à l'existence d'un désordre

(1) *Annales*, 11 mars.
(2) *Unità cattolica*, de Turin.
(3) *Ancora*, de Bologne.
(4) *Armonia*, de Florence.
(5) *Osservatore romano*.
(6) *Libertà cattolica*, de Naples.

d'une gravité inouïs, tandis qu'il n'y a rien de semblable. Nos adversaires ont donc engagé leur responsabilité dans une mesure très-large, et que, puisqu'on parle de réparation, ils agiraient selon la justice en retirant ce que leurs appréciations contiennent de préjudiciable et de flétrissant.

A un autre point de vue, ces violences ont eu pour effet nécessaire de déclarer irréprochables les textes puisés dans les œuvres de l'évêque d'Orléans, et de consolider du même coup le catholicisme libéral.

II

L'apparition de *Monseigneur Dupanloup* causa, dans le sein du vénérable chapitre cathédral d'Orléans, une émotion profonde. La compagnie s'assembla, elle chargea un de ses membres d'examiner l'ouvrage, elle entendit le travail du rapporteur, et elle s'ajourna au 11 février, le tout à mon insu. Pour la séance dudit jour 11 février, tous les chanoines furent convoqués, excepté moi. Comme cette séance, extraordinaire bien entendu, avait été fixée à la suite des vêpres auxquelles j'assistais, je fus surpris de trouver à la sacristie des préparatifs annonçant effectivement une séance, et tandis que je déposais mes habits de chœur, le vicaire général, faisant indûment fonctions de président, me prévint que le chapitre allait se tenir, sans néanmoins me faire connaître l'objet de la réunion. Nonobstant toutes ces irrégularités, assurément fort graves, je ne refusai point d'assister.

La séance ouverte, le président me demanda si je voulais retirer mon livre; je répondis négativement. Alors le rapporteur donna lecture de son réquisitoire. Je demandai communication dudit rapport, et je déclarai être dans l'intention d'y répondre par écrit. Le président me dit que le chapitre allait en délibérer, et sur le champ je me retirai.

Or, le chapitre ne m'a pas communiqué le rapport, par suite je n'ai pu présenter ma défense; ce qui n'a pas empêché le chapitre, dans une séance tenue le 17, de m'infliger un blâme verbeusement motivé et aussi accentué que possible.

Notification de cette sentence m'a été donnée le 18 février, à six heures du soir. Dès le lendemain 19, je formais appel au Saint-Siége entre les mains de Son Excellence le Nonce apostolique en France, et en même temps je soumettais mon livre au jugement du Pape.

Le même jour, 19 paraissaient à Orléans, dans les *Annales religieuses*, les lignes suivantes :

Nous sommes autorisés à annoncer que le chapitre de la cathédrale,

sous l'impression de la douleur indignée que lui a causée le pamphlet de M. Victor Pelletier, a cité l'auteur à comparaître pour lui demander compte de son inqualifiable conduite, lui a infligé, à l'unanimité, le blâme le plus énergique, et a ordonné que ce blâme sera inséré dans toute sa teneur sur le registre des délibérations capitulaires.

Il est indubitable que la communication faite aux *Annales* n'est point l'œuvre du chapitre, mais celle de particuliers sans mission aucune. Cependant le rédacteur se dit *autorisé* : première fausseté. Je n'ai reçu aucune citation à comparaître : seconde fausseté. Mais ce qui est énorme ici, c'est que les auteurs de cette insertion n'aient pas compris l'injustice et la violence du procédé. Comment ! Au moment même où l'intéressé recevait notification de la sentence, lorsque toutes lois naturelles et positives lui laissaient la faculté d'un appel, appel d'autant plus certain qu'aucune défense n'avait été possible, à cette heure même, on portait les lignes susdites dans une imprimerie, et dès le lendemain on les jetait au public !

Que dirait l'opinion, si une chambre de discipline, ayant à apprécier la conduite d'un officier ministériel ou d'un magistrat, allait, sitôt le blâme infligé, révéler dans un journal le secret de ses délibérations ? Indépendamment de toutes les raisons suggérées par les convenances et par la plus vulgaire équité, la juridiction que peut avoir un corps sur ses membres est une juridiction de famille, la plus douce de toutes, et dans ses formes et dans ses pénalités ; comment, dans l'espèce, a-t-on osé la dépouiller de ce caractère et la transformer en justice bruyante et implacable?

Ceci soit dit pour l'intelligence des choses; car je suis loin d'admettre la compétence du chapitre dans l'affaire qui me concerne. Mon fait, du moment qu'on le considère comme délictueux, est un fait grave, et comme tel, aux termes du droit canonique, il échappe à la juridiction du chapitre, qui a simplement pour objet les fautes légères.

La publicité donnée au blâme du chapitre m'a mis dans la nécessité de rectifier la fâcheuse impression que les *Annales* pouvaient produire sur les lecteurs. J'ai donc écrit au rédacteur, M. l'abbé Gélot, pour déclarer que je déférais à la justice du Saint-Siége la délibération capitulaire, le texte et les tendances de l'adresse dont il sera question dans le paragraphe V, enfin mon livre. De plus, je me suis rendu de ma personne dans son cabinet et je lui ai demandé s'il entendait insérer ma lettre. Sur sa réponse négative, il m'a fallu recourir au ministère d'un huissier. Sommation ayant été faite, ma lettre a paru dans le numéro du 26. Le rédacteur laïque du *Journal du Loiret* s'est montré de meilleure composition, car, sur ma simple demande, l'insertion d'une lettre analogue a été sur le champ accordée.

La délibération du chapitre, dans sa teneur, a été livrée à l'impression ; jusqu'à ce jour elle n'est point du domaine public. Si jamais elle vient à la lumière, elle trouvera sa réfutation dans ce écrit, sans préjudice d'un panégyrique spécial, le cas échéant.

III

Le 23 février, Son Eminence le cardinal archevêque de Paris a cru devoir adresser à Mgr Pelletier la lettre suivante :

Monsieur le Chanoine.

J'ai reçu vos diverses lettres ainsi que la protestation du chapitre que j'approuve pleinement. J'avais résolu d'abord de ne rien répondre ; mais connaissant l'exaltation de votre esprit, j'aurais lieu de craindre que vous ne prissiez mon silence pour une approbation tacite.

Je regarde votre publication comme un véritable scandale que je vous engage à réparer. Un tel acte serait coupable et repréhensible dans tous les temps, mais, pour se le permettre dans le moment actuel, il faut qu'un prêtre n'ait pas le moindre sentiment des malheurs de notre sainte mère l'Eglise.

Vous voudrez bien, Monsieur le chanoine, vous abstenir désormais de venir prêcher dans mon diocèse. Je vous retire à cet égard toute faculté donnée précédemment.

Recevez, Monsieur le chanoine, l'assurance de mon dévouement en Notre-Seigneur.

† J. Hipp. card. arch. de Paris.

Ce texte n'est pas absolument le même que celui donné par les *Annales* et les journaux qui ont puisé dans la feuille orléanaise ; j'ai suivi l'original qui est entre mes mains. Le rédacteur des *Annales* s'est permis notamment de défigurer la signature de l'archevêque, afin de capter plus sûrement l'attention de ses lecteurs.

Cette lettre est inexplicable. Premièrement, les deux lettres que j'avais eu l'honneur d'écrire à Son Éminence demandaient tout au plus un accusé de réception ; rien n'y révèle un esprit exalté, et imaginer que je prendrais le silence pour une approbation, c'est supposer chez moi une complète inexpérience des affaires. Secondement, on est tenté de croire que Mgr l'archevêque n'avait pas lu l'ouvrage, car il est impossible de me lire et de n'être pas convaincu que mes citations et interprétations sont exactes ; donc, de quelle réparation Son Éminence veut-elle parler ? Troisièmement, si mon œuvre est sérieusement pensée, sérieusement écrite, où est le scandale ? Si pourtant, à certain point de vue, il y a scandale, est-ce de mon fait ? Suis-je l'auteur des textes qui semblent peu d'accord avec la saine doctrine ? Pourquoi déplacer les torts ? Qu'y avait-il, dans l'espèce, de plus urgent, était-ce de me lancer des sévérités, ou bien d'engager l'évêque d'Orléans à corriger ses écrits ? En prenant ce dernier parti, Son Éminence n'eût-elle pas servi plus sûrement les intérêts de l'Église ? *Si male locutus sum, testimonium perhibe de malo, si autem bene, cur me cædis ?*

On présume que la lettre n'émane pas de la libre initiative de l'archevêque, qu'elle est due aux suggestions de Mgr l'évêque d'Orléans ; il n'y a rien d'invraisemblable ; car c'est à celui-ci qu'il faut attribuer la publicité donnée à la lettre, publicité d'ailleurs autorisée par qui de droit. Cette circonstance est loin d'être atténuante. En fait, et lorsque Son Éminence connaissait mon appel au Pape, elle a fulminé contre moi une sentence et un châtiment, contre moi qui n'étais pas son justiciable, dans une affaire dont le tribunal métropolitain n'était pas saisi ; car je n'ai point envoyé mon livre à l'archevêque, comme le racontent les *Annales* ; mes lettres n'impliquent point un appel, elles ne sollicitent aucune intervention du supérieur ecclésiastique, ce sont de simples renseignements. Nous ne saisissons pas comment cette lettre a pu être qualifiée de « communication officielle faite dans les relations de métropolitain à suffragant (1). »

La publication de la lettre de Mgr l'archevêque a eu et aura encore des conséquences incalculables ; elle devait exercer sur l'opinion une grande influence. D'abord, elle a rassuré les catholiques libéraux, au moins ceux qui ne demandaient pas mieux que de se maintenir dans l'illusion, ensuite elle a nui au succès du livre, au bien qu'il pouvait faire, et à la considération de l'auteur. La presse française et étrangère a reproduit le document textuellement ou par extraits ; c'est une flèche, tirée de haut, qu'il est absolument impossible d'arrêter. Si le Saint-Siége n'exprime aucun blâme, la lettre archiépiscopale demeurera et elle servira de point d'appui à ceux qui persisteront à me juger défavorablement. C'est un exemple de plus, et un exemple mémorable, des suites que peut avoir une parole irréfléchie.

Je ne conteste pas à Mgr l'archevêque de Paris, ni à tout autre, le droit de critiquer mon livre ; mais ce que je réclame, c'est la maturité et la mesure dans les appréciations qu'on jugera convenable de formuler, surtout dans la presse. Son Eminence, en me retirant publiquement les pouvoirs que je tenais de sa bienveillance dans le diocèse de Paris, semblait provoquer ses vénérables collègues à en agir de même, et cela à la veille de la station quadragésimale. Heureusement, Mgr l'évêque d'Angoulême a daigné maintenir les engagements pris, et j'ai pu prêcher le carême dans une des villes de son diocèse. Je dois ajouter, pour la consolation de mes amis, que, si des difficultés m'eussent été faites à Angoulême, je pouvais compter sur une station que voulait bien m'offrir un autre prélat.

(1) *Annales religieuses* d'Orléans, 4 mars.

IV

Le même jour, Mgr l'évêque d'Orléans écrivit à M. l'abbé Desbrosses, vicaire général, une lettre dont voici la teneur (1) :

Paris, le 23 février.

Mon cher ami,

J'avais d'abord résolu de garder le silence sur la brochure dont vous m'avez averti. Je suis accoutumé aux injures. Quand ce sont les ennemis de l'Eglise qui injurient, le silence est facile. Quand c'est Séméi qui jette des pierres, c'est plus triste; mais, comme David, on peut encore passer outre.

Toutefois, je sens le besoin de vous dire combien les protestations et les sympathies du clergé et des fidèles, qui m'arrivent de toutes parts, avant même mon retour à Orléans, me touchent profondément. Ces témoignages de leur affection n'étaient pas nécessaires, car je n'ai jamais douté de leurs sentiments, comme ils n'ont jamais douté des miens.

Toute ma vie j'ai combattu et, s'il plaît à Dieu, je continuerai à combattre pour la liberté de l'Eglise, pour la liberté des ordres religieux et de l'enseignement, pour tous les droits imprescriptibles du Saint-Siége. Et de tous ces écrits, qui lui ont toujours été par moi envoyés et soumis, le Saint-Père a daigné me féliciter bien au-delà de mes mérites; et vous avez lu récemment le bref dans lequel, en me continuant le privilége de conférer canoniquement les grades théologiques, le Saint-Père me disait : « Je connais parfaitement, vous « en avez donné assez de preuves, votre grande doctrine, votre vigilance « pastorale, et votre zèle rare pour élever dans les plus pures doctrines « la jeunesse qui est l'espérance de l'Eglise : *Nos, quibus et summa doctrina « tua et pastoralis vigilantia et singulare tuum juventutis in spem Ecclesiæ « succrescentis purissimis doctrinis instituendæ studium, et cætera tua in « rem sacram merita perspecta sunt atque explorata.* »

Je suis confus de rappeler de telles paroles, mais je puis dire comme saint Paul : *Coegistis me.*

De telles bontés et une telle confiance du Saint-Père suffisent à me dédommager des indignités et des calomnies.

Mais, d'après ce que m'écrivent d'Orléans, en même temps que vous, les hommes les plus graves, je ne puis y être indifférent : je plains celui qui a donné un tel scandale, et je gémis du mal qu'il se fait à lui-même, et peut-être à d'autres, devant Dieu et devant les hommes. En déplorant avec une amère tristesse une telle chute, je demeure stupéfait de ce que, dans certaines aberrations d'esprit, on peut faire de sa conscience.

Quant à moi, ce n'est pas lorsqu'on a, comme je l'ai en ce moment, au sortir de Rome et à mon retour en France, l'âme pénétrée des douleurs et des périls de l'Eglise qu'on peut descendre à des questions personnelles. Et il ne m'est pas difficile de me souvenir de la grande leçon que saint Paul donnait aux disciples de Jésus-Christ, quand il disait : *Per gloriam et ignobilitatem, per infamiam et bonam famam, ut seductores et veraces.*

Tout à vous bien affectueusement en Notre-Seigneur.

† Félix, évêque d'Orléans.

Si le premier paragraphe de cette lettre est autre chose qu'une

(1) *Annales* d'Orléans, n° du 26 février.

entrée en matière, la pensée qui s'y trouve exprimée, et qui conseillait le silence, était assurément la bonne, car les paragraphes suivants n'établissent pas que mon ouvrage contienne des « indignités et des calomnies ; » ils n'infirment aucune de mes assertions.

L'allusion Séméi est tout à fait hors de propos. Le parent de Saül semble remplir ici le rôle d'un ingrat. Cependant, d'après l'histoire sainte, on ne voit pas que David ait été, avant l'épisode des pierres, le bienfaiteur de Séméi. Quant aux obligations particulières que la reconnaissance devrait m'imposer, j'avoue que je ne les saisis pas ; j'ai beaucoup donné à mon évêque, et de lui j'ai peu reçu. Le peu, néanmoins, ne me laisse point indifférent. Mais, dans le canonicat dont j'ai été pourvu en 1851, à titre de compensation, et d'imparfaite compensation, pour des sacrifices antérieurs, combinaison qui profitait surtout à la cassette du prélat, j'aurais tort, selon moi, de puiser un motif pour me dispenser d'agir et d'écrire dans l'intérêt de la saine doctrine. De plus, dans l'acte d'ailleurs coupable de Séméi, le roi fugitif discerna l'intervention de la Providence, et il accepta généreusement l'épreuve ; est-ce que l'évêque publiciste n'aurait pas aussi quelque raison de voir, dans les lignes par moi tracées, comme un avertissement d'En-haut ?

Je n'ai pas nié que Mgr Dupanloup, avant et depuis son épiscopat, n'ait combattu pour la liberté de l'Eglise et pour les droits du Saint-Siége ; mais j'ai montré qu'il a plaidé la cause de ces intérêts sacrés avec d'autant plus de confiance et d'efficacité selon lui, qu'il se rapprochait davantage des idées régnantes, et qu'il inclinait avec plus d'empressement le drapeau catholique devant la menteuse enseigne de 1789.

Quand la courtoisie romaine vient féliciter Mgr l'évêque d'Orléans de « sa grande doctrine, de sa vigilance pastorale, de son zèle rare à élever la jeunesse dans les plus pures doctrines, » cela ne prouve point que le libéralisme ne soit pas professé dans la *Pacification religieuse* et ailleurs. Est-ce que, en 1845, Sa Sainteté Grégoire XVI n'a pas décerné des éloges à l'auteur de la *Pacification* ? Est-ce qu'il n'est pas évident que, de ces éloges, on ne peut rien conclure en faveur de certaines pages de ce livre et d'autres écrits (1) ? Nous en dirons autant des compliments dont il s'agit ; Mgr l'évêque d'Orléans lui-même sait parfaitement que ces félicitations n'ont pas une portée indéfinie.

Que penser maintenant de ses exclamations à propos d'un « tel scandale, » d'une « chute terrible, » de sa stupéfaction en face de l'état « de ma conscience par suite de certaines aberrations de mon esprit ? » Que ce sont des mots sonores, qui, dans l'espèce, ne correspondent qu'à des suppositions absolument gratuites.

Au sujet des lauriers, dont l'illustre évêque est pour ainsi dire

(1) *Monseigneur Dupanloup*, p. 18.

couvert de la tête aux pieds, non-seulement par ses amis, mais encore quelquefois par certains adversaires, qui ont pour cela leurs motifs, on nous permettra de rappeler ici une page de Bourdaloue :

Qu'est-ce que la plupart des louanges dans le style du monde? vous le savez, des mensonges obligeants, des exagérations officieuses, des témoignages outrés d'une estime apparente, et qui vient ni de la raison ni du cœur ; souvent des contre-vérités déguisées et couvertes du voile de l'honnêteté... On nous dit ce que nous devrions être et non pas ce que nous sommes : et nous, par une pitoyable facilité à donner dans le piége qui nous est tendu, nous croyons être en effet tels que l'adulation nous suppose, et qu'elle nous représente à nous-mêmes. On nous fait des portraits de nos personnes, dans lesquels tout nous plaît, et nous ne doutons pas qu'ils ne soient au naturel ; on nous donne des éloges qui sont des compliments et des figures, et nous les prenons à la lettre...

Qu'est-ce, à proprement parler, que cet usage maintenant si profané d'éloges des actions publiques?... Qu'est-ce que cette affectation d'épîtres à la tête d'un ouvrage, où par le caprice d'un auteur, les mérites les plus obscurs sont égalés aux plus éclatants, où les plus médiocres vertus sont traités de sublimes et d'éminentes; où il n'y a point de particulier qui ne dût gouverner l'Etat, point de prélat qui ne fût digne de la pourpre? qu'est-ce que tout cela, sinon un débit, souvent mercenaire, de louanges excessives et démesurées, dont on infatue les hommes?... (1).

Regardons ceux qui nous louent comme des gens contagieux, et qu'il soit vrai de dire, s'il est possible, de chacun de nous ce que saint Ambroise disait de Théodose : j'ai honoré et chéri cet homme, qui, étant au-dessus de tous les hommes, a mieux aimé un censeur qu'un approbateur (2).

Quant aux qualificatifs acerbes tombés de la plume du vénérable évêque, ne serait-ce pas le cas de dire avec Bourdaloue, en juste proportion toutefois :

Nous fuyons la vérité qui nous découvre ce que nous sommes jusqu'à l'envisager comme une persécution ; et quand elle se présente à nous, malgré nous, nous nous soulevons, nous nous emportons contre elle, nous prenons à partie ceux qui nous la mettent devant les yeux, comme s'ils nous faisaient injure. Car de là naissent les dépits et les ressentiments, les aversions et les haines, de là, les mésintelligences et les désunions. Combien d'amitiés refroidies, combien de commerces rompus, combien de guerres déclarées, parce qu'on nous a dit librement une vérité? Ce qui est encore plus étrange, c'est que souvent nous haïssons cette vérité par la raison même qui devait nous la rendre aimable, je veux dire, parce qu'elle est vérité. Si ce qu'on nous reproche était moins vrai, nous nous en piquerions moins.... Une parole de vérité est, en bien des rencontres, une parole de mort pour celui qui la porte, car, sans en rapporter les effets tragiques, à combien de serviteurs fidèles ce zèle de vérité n'a-t-il pas coûté la perte de leur fortune et la disgrâce de leurs maîtres (3)?

Et encore :

(1) On peut en dire autant des adresses, et des articles que contiennent certaines *Semaines religieuses*.
(2) Sermon pour le 4e dimanche après Pâques.
(3) *Ibid.*

Tout est subordonné dans l'Eglise : mais ce grand principe, ce principe si raisonnable et si essentiel pour la conduite et le bon ordre de la société, nous l'entendons diversement, selon les divers rapports sous lesquels nous le considérons. A l'égard de ceux qui dépendent de nous, nous sommes les plus rigides et les plus implacables défenseurs de la subordination. Mais s'il s'agit d'une puissance supérieure, de qui nous dépendons nous-mêmes, c'est sous ce rapport que la subordination n'excite plus tant notre zèle; il se ralentit beaucoup, et même il s'éteint absolument. Ainsi, entendez parler un supérieur ecclésiastique de ceux qui sont soumis à sa juridiction : ce sont des plaintes perpétuelles du peu de docilité qu'il trouve dans les esprits ; ce sont de profonds gémissements sur le renversement de la discipline, parce que chacun veut suivre ses idées et vivre à sa mode ; ce sont les discours les plus pathétiques et les plus belles maximes sur la nécessité de la dépendance. Tout ce qu'il dit est sage, solide, incontestable : mais il serait question de voir si, ce qu'il dit, il le pratique lui-même à l'égard d'une souveraine et légitime puissance dont il relève, et à qui il doit se soumettre. Voilà néanmoins ce qui serait bien plus efficace et plus persuasif que tant de gémissements et tant de plaintes. Peut-être croirait-on, en se soumettant, affaiblir l'autorité dont on est revêtu, et c'est au contraire ce qui l'affermirait. Voulons-nous qu'on nous rende volontiers l'obéissance qui nous est due ? Donnons nous-mêmes l'exemple, et rendons de bonne grâce l'obéissance que nous devons. Dans les troubles de l'Etat, le bon parti est toujours celui du roi et de son conseil; et dans les troubles de l'Eglise, en matière de créance et de doctrine, le bon parti est toujours celui du Vicaire de Jésus-Christ, du Siége apostolique et du corps des évêques (1).

Le passage est intégralement cité ; le lecteur discernera bien dans quelle mesure il peut s'appliquer à notre sujet.

V

Le 19 février, les *Annales* d'Orléans annoncèrent que plusieurs notabilités devaient présenter à Mgr l'évêque d'Orléans la protestation suivante :

Monseigneur,

En présence d'une attaque odieuse qui ne saurait vous atteindre, mais qui nous a remplis d'humiliation et de douleur, nous tenons à vous dire combien nous sommes fiers de votre épiscopat, qui n'a été qu'un long combat pour l'Eglise et le Saint-Siége.

Cet hommage de vénération et de gratitude, c'est la France, c'est la catholicité entière qui vous le doit et qui vous le rend, parce que votre parole a partout porté au loin la lumière, la consolation, l'honneur, la foi.

Mais cet hommage, qui pourrait mieux vous l'offrir que nous, Orléans, dont le nom est à jamais uni à votre gloire; nous, les témoins de vos vertus; nous, qui avons reçu vos enseignements ; nous, qui avons vu de plus près votre grand cœur, votre courage devant tous les périls, votre

(1) Pensées diverses sur l'Église

désintéressement incomparable, votre flamme pour le salut des âmes, tant d'œuvres nées de votre zèle d'apôtre et de père!

Merci, Monseigneur, pour tout ce que vous avez fait pour Dieu, l'Eglise, le Pape, la France; et comptez toujours, au milieu des glorieux travaux qui vous attendent encore, sur notre reconnaissance, notre dévouement et notre fidèle admiration.

L'impulsion partait de l'évêché ; l'essentiel était d'avoir des signatures. A cet effet, on commença d'abord par publier le projet d'adresse dans les *Annales*, et dans le *Journal du Loiret*, numéro du 20 février ; on voulut pénétrer dans les colonnes de l'*Impartial du Loiret*, feuille catholique, mais sans succès. On déposa la pièce chez plusieurs libraires avec prière de la communiquer à leurs clients. Les libraires firent observer à l'un des vicaires généraux que le moyen adopté avait pour résultat de contribuer à la propagation du livre; car les clients, ne voulant pas signer sans savoir, demandaient de quoi il s'agissait, leur curiosité se trouvait stimulée et aussitôt satisfaite par l'offre du volume qui, presque toujours, était immédiatement acheté. Le dépôt de l'adresse dans les librairies produisit peu de chose, si l'on en juge par ce fait que, dans un magasin des plus importants, au bout de deux jours, les signatures recueillies étaient au nombre de six! Il fallut donc recourir à un autre moyen. On pria les curés de la ville de faire présenter la protestation à domicile, et la besogne naturellement échut aux sacristains. Le lecteur discerne tout de suite ce qui arriva. Si nous voulions égayer notre sujet, nous n'aurions que l'embarras du choix dans les mésaventures éprouvées par les malheureux colporteurs. Exemple : le sacristain pénètre dans le cabinet d'un homme âgé, instruit, religieux, il présente son papier.— Je ne comprends pas que Mgr l'évêque ait besoin de mon certificat, c'est plutôt à lui qu'il appartient de m'en délivrer un; mais que vois-je? des signatures de femmes! Votre manifestation n'est pas sérieuse, allez chercher ailleurs. Telle fut la réponse obtenue. Second exemple, c'est à un charcutier qu'on s'adresse. — Il faut que votre cause soit bien mauvaise pour venir chercher si bas; eh bien! vous n'aurez pas ma signature. Dans une maison, le concierge seul a muni la pièce de son seing. Inutile de faire remarquer que la quête des signatures devint pour l'opuscule la cause incessante d'une faveur illimitée. Tout le monde voulait le lire; les cabinets de lecture l'ont mis en location à la journée, moyennant vingt centimes. Mais supposons que ce plébiscite d'un genre nouveau puisse se prévaloir d'un nombre de suffrages respectable, sauf à ne pas disputer sur la qualité. En conséquence, les *Annales* du 11 mars publièrent les lignes ci-après :

Mgr l'évêque d'Orléans a été dimanche soir (5 mars), l'objet d'une touchante ovation. En effet, pour protester contre un douloureux scandale que tout Orléanais déplore, la société de notre ville se pressait en foule dans les vastes salons de l'évêché. Dans cette grande foule formée de l'élite de la noblesse, de l'armée, de la magistrature, on remarquait le général Bataille, commandant le 5e corps, M. Mantellier, premier président ; M. le baron de Behr, préfet du Loiret ; M. Germon, maire d'Orléans, etc. Nous savons combien Mgr l'évêque d'Orléans a été profondément touché par cet élan aussi spontané qu'universel, par cette nouvelle et enthousiaste explosion d'ardentes sympathies.

A Orléans, les *Annales religieuses* sont communément appelées l'*Encensoir*, ou encore les *Annales de l'admiration perpétuelle;* le lecteur peut constater que ces dénominations sont parfaitement méritées. Si jamais on écrit l'histoire de notre diocèse, et surtout du prélat qui le gouverne depuis vingt-six ans, avec les volumes des *Annales*, parvenues aujourd'hui au nombre de seize, on aura une œuvre remarquable au point de vue de l'imagination. Comme très-certainement cette œuvre sera entreprise, nous la dénonçons d'avance à la postérité.

Aux incessantes attaques des *Annales*, j'ai dû répondre brièvement par la lettre suivante, qui, comme la précédente, n'a été insérée qu'après la sommation, numéro du 4 mars.

Vous avez imprimé dans votre numéro du 26 février, deux lettres, une de Mgr l'archevêque de Paris, l'autre de Mgr l'évêque d'Orléans. Ces deux lettres ont un caractère privé ; de plus la première est ma propriété, et nul n'a le droit de la publier sans mon consentement. Vous avez donc de nouveau engagé votre propre responsabilité, d'autant plus que la publicité par vous donnée emporte diffamation, comme je le prouverai en temps et lieu.

Maintenant, puisque, nonobstant ma soumission anticipée au jugement du Saint-Siége, on persiste à m'incriminer avec une passion inouïe, je suis contraint de me défendre et je me défendrai dans vos propres colonnes.

Les griefs articulés contre moi peuvent se réduire à deux : 1° Je suis un calomniateur ; 2° Je suis un révolté. Grâce à Dieu, je ne suis ni l'un ni l'autre.

1° Je ne suis pas un calomniateur. Un calomniateur est celui qui dirige contre quelqu'un des imputations imméritées ; or, je n'ai point formulé des imputations imméritées. Donc.

Je prouve la mineure. Il est manifeste que, comme publiciste, Mgr Dupanloup se fait gloire, depuis trente ans, d'embrasser et d'appliquer les maximes de 89, entendues dans le sens des grands esprits de la Constituante ; or, ces maximes et leurs conséquences ont été l'objet des condamnations multipliées du Saint-Siége ; je n'ai pas refusé néanmoins à l'éminent écrivain le bénéfice de la bonne foi, et j'ai très-explicitement dit que, dans ces derniers temps, le publiciste s'appliquait à ne pas heurter les doctrines du Saint-Siége. Si, sur des détails, je me suis trompé, l'erreur est tout involontaire.

2° Je ne suis pas un révolté. Un ecclésiastique révolté est celui qui désobéit à son évêque publiquement et qui provoque les autres à la désobéissance. Or je n'ai ni désobéi, ni provoqué à désobéir. Donc.

Je prouve la mineure. Je n'ai incriminé aucun des actes pastoraux de mon évêque, ni aucune de ses ordonnances. Je me suis borné à étudier ses écrits sociaux et politiques, dont le principal, la *Pacification religieuse*, est antérieur de cinq années à son épiscopat. Je persiste à croire que je suis dans mon droit. De plus, je suis électeur, j'ai donné ma voix, en 1871, à Mgr Dupanloup : de ce chef, j'ai le droit d'interroger sa vie politique et de l'apprécier.

Je n'ai rien fait autre chose. Qu'on agite des idées fausses et des mots sonores tant qu'on voudra, on ne changera pas la situation.

Je réclame l'insertion intégrale de cette lettre dans votre prochain numéro.

Cette lettre avait paru d'abord dans l'*Ami de l'Ordre*, feuille orléanaise, numéro du 1er mars, et un extrait dans l'*Univers* du 3 mars.

Le même numéro des *Annales* du 4 mars contient un article de l'*Unità cattolica* de Turin, dans lequel il est dit que le chapitre « m'a interdit, jusqu'à nouvel ordre, d'exercer les saintes fonctions dans la cathédrale. » Or, en vertu d'une délibération prise le 7 mars, trois jours après, le chapitre déclarait « qu'il m'était loisible désormais de prendre mon tour de semaine, » délibération que les *Annales* ont, jusqu'à ce jour, soigneusement passée sous silence. C'est ainsi que, dans ces parages, on pratique la justice et qu'on écrit pour l'histoire !

VI

Tandis qu'on sollicitait des signatures parmi les fidèles, on provoquait une manifestation dans les rangs du clergé. Le lundi 21 février, les curés-doyens reçurent par la poste les deux imprimés suivants :

Le clergé d'Orléans s'est empressé de s'associer à la protestation du chapitre.

MM. les doyens désireront, sans doute, suivre cet exemple, et voudront bien présenter cette adresse à la signature de MM. les prêtres de leur doyenné.

Il serait désirable que les adhésions fussent envoyées à Monseigneur, à l'évêché d'Orléans, avant la fin de la semaine.

Orléans. — Impr. Ernest Colas.

Monseigneur,

Nous nous empressons de nous unir aux sentiments que le chapitre de votre cathédrale vient d'exprimer. Nous aussi, nous sommes affligés et indignés de l'acte odieux dirigé contre vous.

Soyez persuadé, Monseigneur, qu'en vous attaquant on n'a fait que rendre plus profonds encore, s'il est possible, nos sentiments de respect et d'affection pour votre personne, et plus vive aussi notre admiration pour vos luttes glorieuses et fécondes en faveur de l'Eglise, du Souverain-Pontife et de la France. C'est pour nous un nouveau motif de serrer nos rangs autour de notre évêque, avec lui autour du Saint-Père, et de nous attacher plus filialement que jamais aux principes de la sainte hiérarchie.

Puisse notre énergique protestation, Monseigneur, adoucir vos tristesses et réparer un lamentable scandale !

A la réception de ces pièces, à Orléans même, une scission se déclara ; plusieurs ecclésiastiques tout d'abord refusèrent de signer. Il y eut ensuite des pourparlers entre les promoteurs de l'adresse et les non-adhérents. Ceux-ci firent remarquer que, durant le Concile et depuis le Concile, le clergé d'Orléans n'avait point manifesté au Saint-Père ses sentiments, et qu'il était nécessaire avant tout d'envoyer une adresse au Pape. Les promoteurs de l'adresse à l'évêque se montrèrent disposés à entrer dans cette voie, mais ils demandèrent que les deux adresses fussent simultanément acceptées et signées. Il y eut alors une sorte de compromis qui, finalement, comme on le verra plus loin, s'est changé en véritable défaite pour ceux qui, primitivement, n'entendaient pas faire cause commune avec le chapitre, dont la délibération dans sa teneur demeurait d'ailleurs inconnue.

Au loin, sur divers points du diocèse, l'émotion ne fut pas moins vive. On en jugera par les lettres suivantes dont nous adoucissons les termes.

21 février. — J'ai l'honneur de vous expédier le ridicule et injurieux factum que nous avons reçu ce matin... Inutile de vous dire qu'il n'aura pas ma signature, et je sais, de science certaine, qu'il en sera ainsi de beaucoup et du plus grand nombre de mes vénérés confrères dans nos contrées.

22 février. — Quoique je sois convaincu que, dans votre brochure, vous n'ayez pas dépassé les limites du convenable et du permis, me voici dans la triste nécessité de signer une adresse de condoléance qui doit être présentée à l'évêque. Je la signe certainement bien à contre-cœur; mais comment faire? .. Je vais donc faire comme feront la plupart de mes confrères qui se trouvent dans la même position que moi... Vos amis espèrent que, usant de vos droits, vous vous défendrez dans les *Annales* mêmes, où vous avez été si cruellement attaqué. Soyez sûr que la majorité du clergé est avec vous, malgré les signatures qu'il donnera forcément.

25 février. — Décidément on nous prend pour des instruments à signer. Après nous avoir fait apostiller une adresse rédigée par on ne sait qui, on nous en soumet une autre venue on ne sait d'où. Et il faut signer! Ah! si nous étions inamovibles, on n'abuserait pas ainsi de nous! Quoique nous vous approuvions au fond, il nous faut vous blâmer en apparence! et même sans savoir au juste de quoi il s'agit. Voilà où nous en sommes.

6 mars. — Les *Annales* reproduisent une adresse signée, disent-elles, par le clergé du diocèse. Cette adresse n'a aucune valeur, car on sait qu'elle ne provient pas de l'initiative de ceux qui l'ont signée... Selon les circonstances, le bas clergé signe ou ne signe pas. Pendant le Concile, on ne voulait pas qu'il signât et il n'a pas signé; aujourd'hui on veut qu'il signe et il signe. La spontanéité est la même. Il faut vraiment que le coup porté par vous soit bien terrible pour qu'il excite un tel émoi.

L'anxiété en vint à un tel point que, dans un canton, un des ecclésiastiques fit exprès le voyage de Paris pour aller consulter la nonciature. La nonciature répondit qu'elle n'avait point de conseils à donner, mais qu'il était vraisemblable que des manifestations de ce genre n'auraient pas grand poids à Rome. On prête, en effet, à un personnage très-élevé de la capitale du monde chrétien, ce mot très-juste : « En France, il y a un épiscopat, mais il n'y a pas de clergé.»

Ce qui, selon nous, veut dire que le clergé du second ordre ne jouit pas chez nous de l'autonomie convenable : cet effacement est le résultat d'une part de la condition amovible de la presque universalité des curés, et d'autre part de la nomination des curés inamovibles sans concours, c'est-à-dire par voie purement gracieuse.

Nous avons parlé plus haut d'une adresse au Pape; effectivement le texte ci-après fut expédié aux doyens.

Très-Saint Père,

Un incident pénible, survenu dans notre diocèse d'Orléans, nous ayant inspiré de présenter à Monseigneur notre illustre évêque, à l'heure même où il vient de se prosterner à vos genoux afin de recevoir votre bénédiction apostolique, le juste témoignage de notre déférence et de notre vénération, nous avons voulu, en même temps, déposer ensemble aux pieds de Votre Sainteté l'hommage explicite de notre soumission la plus absolue, de notre filiale affection, et de notre plus religieuse admiration.

Nous étant donc concertés en cette circonstance, nous déclarons tous adhérer fidèlement et persévéramment d'esprit et de cœur à tous les actes émanés de Celui que nous aimons à reconnaître et à saluer comme l'organe infaillible de la vérité, le suprême pasteur des brebis et des agneaux, l'inébranlable fondement de cette Eglise immortelle contre laquelle les portes de l'enfer ne prévaudront pas.

Nous nous faisons en outre une règle invariale, tant dans nos paroles que dans nos actions, de suivre non seulement les doctrines, mais l'espeit du Saint-Siége, autour duquel nous sentons de plus en plus le drvoir de serrer nos rangs, comme autour du seul centre de la vérité et de l'autorité, dans ces jours d'obscurcissement et de renversement.

Très-Saint Père, nous rappelant la parole du disciple bien-aimé, nous aimons à redire qu'un homme fut envoyé de Dieu parmi nous pour rendre témoignage de la lumière. L'Esprit du Seigneur pour lequel vous souffrez s'est reposé sur vous. Comme étant son Vicaire, vous avez reçu de lui l'Esprit de sagesse et d'intelligence, qui vous fait discerner la véritable doctrine du venin des erreurs, dissiper les nuages des illusions, fixer pour tous les hommes les règles du devoir, déterminer pour les peuples les limites de l'autorité et de la liberté, distinguer les remèdes nécessaires aux sociétés aussi bien qu'aux âmes, et leur montrer les bons pâturages, où elles doivent être conduites pour qu'elles ne s'égarent point.

Vous avez également reçu l'Esprit de conseil, qui vous fait connaître les temps où il convient de parler ou de se taire. Vous ne jugez pas selon ce qui paraît aux yeux, et vos oreilles n'écoutent pas les cris de l'opinion pour porter vos jugements, mais la seule justice est la ceinture de vos reins, et la foi est l'armure que vous opposez à vos ennemis.

Enfin l'Esprit de force s'est reposé sur vous. Il vous inspire non-seulement le courage de parler sans être confondu, à la face des rois et des peuples frémissants contre le Seigneur et son Christ, mais aussi le courage magnanime de souffrir. Autrefois exilé, aujourd'hui prisonnier pour avoir aimé la justice et haï l'iniquité, dépouillé par la plus inique des usurpations, trahi comme votre Maître par ceux dont vous étiez le père, vous bénissez encore, du haut de votre croix, la ville et l'univers. De ce douloureux calvaire, vous regardez autour de vous, et il n'y a personne qui s'apprête à vous secourir. Mais le Sacré-Cœur de Jésus dont vous dilatez le culte, le saint cœur de Marie, proclamée par vous Immaculée, saint Joseph établi par vous patron de l'Eglise, et tant de saints que vous avez placés sur les autels forment autour de vous une défense céleste.

Pour nous, Très-Saint Père, notre fidélité et notre dévouement croissent en proportion de vos infortunes. Vous êtes notre pilote en cette barque agitée qui porte le salut du monde, et d'où vous faites entendre des paroles de confiance au sein de la tempête. Nous les recueillons dans nos cœurs pour qu'elles donnent des fruits par la patience. Puisse ce dévouement, uni à celui de l'Eglise universelle, consoler votre cœur abreuvé d'amertume, et attirer sur nous la grâce de Jésus-Christ avec la bénédiction apostolique que nous conjurons Votre Sainteté de daigner accorder aux plus humbles et aux plus obéissants de vos fils.

Ce projet, qui contient des passages excellents, était accompagné d'une lettre portant les signatures de MM. Rabelleau, curé de Saint-Donatien; Renaudin, supérieur du petit séminaire de Sainte-Croix; Notin, curé de Saint-Aignan; Aubert, curé de Saint-Laurent; Baunard, aumônier du lycée; Chatellain, vicaire de la cathédrale.

Cette adresse circulait dans le diocèse, elle était déjà couverte de signatures, lorsque l'évêché envoya l'ordre de renoncer au texte ci-dessus pour signer la formule suivante :

Très Saint-Père,

Au moment même où Mgr notre évêque mettait aux pieds de Votre Sainteté ses hommages et son dévouement, interrogeait votre âme, écoutait votre pensée, et demandait pour lui et pour nous votre bénédiction apostolique, une attaque que nous nous abstiendrons de qualifier, et contre laquelle, à la suite du vénérable Chapitre, nous nous faisons un devoir de protester, était, à Orléans, dirigée contre lui. La douleur profonde que nous en avons ressentie nous a inspiré la pensée de lui exprimer, dans une adresse, les sentiments de notre respectueux attachement et de notre reconnaissance pour les combats qu'il a livrés à l'impiété en faveur du Saint-Siége, de l'Église et de la France.

Nous voulons aussi, Très-Saint Père, déposer notre tristesse dans votre cœur, et, désireux de manifester par un éclatant témoignage la pureté de notre foi, nous saisissons avidement cette occasion pour vous offrir l'hommage le plus explicite de notre fidélité inviolable et de notre parfaite soumission.

Unis de pensées et de sentiments avec notre illustre évêque, nous faisons profession d'adhérer d'esprit et de cœur, sans restriction et sans limites, à tous les enseignements émanés de votre autorité suprême, et notamment à tous les décrets du saint concile œcuménique du Vatican. Avec lui, nous reconnaissons en vous l'oracle infaillible de la vérité, le Pasteur souverain à qui a été confié le soin de paître les brebis et les agneaux, le glorieux successeur de celui pour qui a prié le Seigneur Jésus, afin que sa foi ne défaillît pas et qu'il confirmât ses frères. Nous nous faisons, en outre, une règle invariable de suivre dans nos paroles et dans nos actes, non-seulement les doctrines, mais l'esprit et la direction du Saint-Siége, autour duquel nous sentons de plus en plus le besoin de serrer nos rangs, comme autour du seul centre de la vérité et de l'autorité, dans ces jours d'obscurcissement et de ruines.

Très-Saint Père, depuis qu'une usurpation impie vous a dépouillé et réduit à l'état de captif, notre fidélité et notre dévouement n'ont fait que croître en proportion de vos infortunes. Puisse ce témoignage, que nous déposons aux pieds de Votre Sainteté, consoler votre âme abreuvée d'amertume, et attirer sur nous la grâce de Jésus-Christ, avec la béné-

diction apostolique que nous vous conjurons de daigner accorder aux plus humbles et aux plus obéissants de vos fils (1).

Entre les deux formules, voici les différences : 1° dans le texte officiel on a supprimé des passages très-significatifs notamment sur l'étendue du pouvoir du Saint-Siége et les décisions par lui portées « pour dissiper les illusions..., déterminer les limites de l'autorité et de la liberté, distinguer les remèdes nécessaires aux sociétés, etc..; » 2° On fait mention expresse des décrets du Concile, amendement très-bon; 3° On adresse à Mgr Dupanloup des éloges qui ne se trouvent point dans la première formule; 4° Enfin on ajoute des sévérités contre mon livre. Ces sévérités n'ont pas été acceptées par tout le monde; plusieurs, pour refuser leur signature, se sont fondés sur cette addition jugée par eux inacceptable. Malgré ces abstentions, le plan des adversaires de la brochure, habilement exécuté, a vraiment réussi; la substitution de la seconde formule à la première, lorsque les résistances primitives étaient assouplies, peut passer pour un coup de maître.

Quoi qu'il en soit, notre travail, s'il ne réalise pas tout le bien que nous nous sommes proposé, a eu déjà un résultat considérable, celui de faire jaillir de toutes parts, dans le diocèse d'Orléans, muet depuis nombre d'années, des protestations de soumission au Saint-Siége et au Concile, profit qui n'est point à dédaigner.

VII

Dans ces conjonctures, une feuille anonyme de seize pages in-octavo sortit des presses d'Ernest-Colas, imprimeur de l'évêché à Orléans. La copie était datée *de la Lune*, *le* 22 *février* 1876; elle portait en titre et sous-titre ce qui suit : L'INDISCIPLINE CLÉRICALE. *Courte réponse à l'épisode contemporain de M. le chanoine Pelletier*, Orléans et Paris, chez tous les libraires: prix, 50 centimes. Pas brave mon contradicteur ! puisqu'il va se loger dans la lune pour que je ne puisse pas lui porter ma carte de visite. Je lui donnais l'exemple, moi; j'ai signé mon œuvre; pourquoi ne signe-t-il pas la sienne ? A ce propos, les *Annales* sont ineffables. Dans le numéro du 11 mars, l'*Indiscipline* jouit d'une annonce et d'une réclame. On y parle d'*une main qui s'obstine à rester inconnue*, laquelle main a fait merveille, et néanmoins elle reste inconnue ! Prodige d'abnégation et d'humilité !

Nous recommandons à nos lecteurs ces pages qui ont la prétention de mordre et d'entamer notre étude, mais qui viennent tout simplement la justifier; la vipère libérale use ses dents, rien de plus,

(1) *Annales*, 11 mars.

Nous avons plus haut relaté les injures, nous n'y reviendrons pas : occupons-nous du fond.

Comme nous cultivons la justice, quoi qu'en disent les intéressés à soutenir le contraire, nous décernons d'abord un bon point à l'avocat de notre partie adverse. Le susdit avocat affirme que ma brochure n'est pas un *pamphlet*. Ecoutons :

Ce n'est pas que nous suspections l'auteur, pour notre part, de la moindre indignité responsable ; sa bonne foi n'est pas en cause. Les actes n'en demeurent pas moins ce qu'ils sont. Or, en appréciant le fait, indépendamment des intentions que nous ne jugeons pas, on peut, sans hésiter, qualifier de mauvaise action, le *Memorandum* que M. l'abbé Pelletier adresse à la postérité. Ce manifeste, que nous nous gardons bien d'appeler pamphlet, n'a qu'un objectif, celui de démontrer que Mgr d'Orléans est libéral, et libéral d'un libéralisme réprouvé par Rome.

Nonobstant les antinomies dont les écrivains libéraux sont friands, et leur habitude de dire simultanément le pour et le contre, savoir dans l'espèce, que mon livre est une œuvre de bonne foi, et en même temps une mauvaise action, il y a ici de jolis mots. Par exemple : « le *Memorandum* que M. l'abbé Pelletier adresse à la postérité. » C'est cela, c'est tout à fait cela ! et l'anonyme peut être sûr que la postérité se souviendra de *Monseigneur Dupanloup*, à une époque où son *Indiscipline* aura complétement disparu ; si pourtant *Monseigneur Dupanloup* ne contribue pas à faire vivre l'*Indiscipline*, ce à quoi je ne m'oppose pas du tout.

Mais oyez ! *Annales religieuses*, *Français*, *Gazette*, et autres feuilles du pays et de l'étranger, oyez ! L'*Indiscipline* déclare *qu'il se gardera bien d'appeler mon travail un pamphlet*. Je mets le certificat dans mon dossier, merci ! continuons :

Et nous, après avoir lu le livre, nous nous sommes dit : Il ne constate nullement que Mgr Dupanloup professe le libéralisme de la Thèse.

Nous admettons sans peine que, en ce moment et dans sa pensée, Mgr Dupanloup ne professe pas le libéralisme de la thèse ; mais ce libéralisme de la thèse s'étale parfaitement bien dans ses écrits et notamment dans la *Pacification religieuse ;* c'est pourquoi nous demandons que ces écrits soient corrigés. L'anonyme ajoute :

Et après avoir lu, comme avant de lire, nous nous disions : Mgr Dupanloup fût-il libéral comme il n'est pas permis de l'être, un chanoine de sa cathédrale n'a aucun titre pour le dénoncer comme tel au public il y a là, de sa part, un acte d'indiscipline qui appelle les sévérités du devoir et de l'ordre méconnus.

Notre cher avocat commence à se fâcher ; je le prie d'attendre un peu, et il verra bientôt de quel côté il conviendrait d'appeler les sévérités du droit et de l'ordre méconnus.

L'*Indiscipline* essaie d'abord de justifier les opposants à l'infaillibilité, on trouve sous sa plume diverses propositions risquées. Exemples :

Avant les décisions qui commandent la foi, chaque évêque ne relève que de ses convictions et de sa conscience... Cette question de l'opportunité (il s'agit de la définition de l'infaillibilité) tient moins du dogme que de la discipline, et l'infaillibilité disciplinaire ne va pas, de soi, jusqu'à réaliser ce qu'il y a de meilleur et de plus parfait. L'optimisme absolu est interdit à Dieu, comment serait-il le privilége de l'Eglise ? Les meilleures choses ont leurs revers fâcheux... Tout ce qu'on est en droit de demander à l'Eglise, en fait de discipline, c'est qu'elle ne décrète et ne pratique rien qui blesse les lois naturelles et divines, et qui fasse obstacle au règne de Dieu dans les âmes.

Ce passage est distillé; nous nous permettons néanmoins de le signaler à la Sacrée-Congrégation de l'Index. Voici cependant une espèce de contre-poids :

Allons plus loin, quand l'Eglise se prononce sur l'urgence d'une décision, ainsi qu'elle a fait au concile du Vatican, elle ne se trompe pas, ou bien il faudrait dire que la prérogative de l'infaillibilité doctrinale, octroyée par Jésus-Christ à son Eglise pour l'édification et le salut, pourrait devenir, dans ses mains, un instrument de trouble et de perdition, ce qui est impie. Il n'en est pas moins vrai qu'une décision, même urgente, et nécessaire à certains égards, peut avoir, à d'autres points de vue, des contrecoups funestes, et que ceux qui ont la conscience des seconds périls plus que celle des premiers, ont le droit et le devoir de s'opposer de toutes leurs forces à la conclusion qu'ils redoutent, sauf, si elle se produit, à l'accepter avec la plus entière docilité.

Il est impossible de lire cette tirade sans éprouver une sorte d'anxiété. Le danseur se tient sur la corde, son balancier à la main ; gardera-t-il l'équilibre ? le perdra-il ? ne l'a-t-il pas même perdu ? Je laisse aux spectateurs le soin de répondre. Mais l'alinéa est excessivement curieux, c'est un vrai spécimen.

L'*Indiscipline* prétend que je fais un reproche à l'illustre prélat de n'avoir pas profité des discussions parlementaires pour faire une profession solennelle d'anti-libéralisme. Je n'ai rien dit de pareil; j'ai seulement exprimé le regret que, pour soutenir certaines causes, l'orateur politique ait invoqué les maximes libérales dont il n'avait nul besoin ; ce qui est très-différent. Elle répète que l'échec de la monarchie n'est point imputable au libéralisme de Mgr Dupanloup, mais uniquement à la lettre du 27 octobre. Naturellement cette explication sourit aux légitimistes libéraux ; qu'ils s'y tiennent, si tel est leur plaisir. Le point est secondaire, mais sur un autre, nous ne lâcherons pas facilement les pages tombées de la lune. Lisons :

Les écrits relèvent plus justement de la critique principalement en tout ce qui intéresse la foi et la doctrine. La vérité est inflexible ; elle est ce qu'elle est, et les condescendances, pas plus que les négations, ne peuvent la changer.

Très-bien ! ces lignes suffisent pour ma justification. Attendons-nous à un mouvement tournant; à la suite de ces énonciations excellentes, il y a un *mais*.

Mais, à cause même de cette inflexibilité de la doctrine, il importe de la bien définir et de s'assurer que les formules que l'on veut réprouver en sont la contradiction.

Définir, *s'assurer* sont les pivots du mouvement; suivons bien.

Hors des assertions garanties par l'autorité infaillible, qui tient ici la place de Jésus-Christ, chacun ne relève que de sa raison et de sa conscience... Le point de vue que vise le réquisitoire est ce maudit libéralisme formulé dans le *Syllabus* et proscrit par l'Encyclique *Quanta cura*... Mgr Dupanloup est accusé de libéralisme, et le libéralisme est inscrit dans le *Syllabus*. L'évêque d'Orléans ne peut donc être libéral qu'autant qu'il contredira le *Syllabus*; que s'il est en règle avec l'acte pontifical, il se trouve, par là même, purgé de tout reproche de libéralisme.

Or, qui a pu l'oublier? Quand, il y a dix ans, éclata dans le monde, comme un coup de foudre, ce mémorable *Syllabus*, ce fut dans la presse irréligieuse un concert inouï de clameurs et de colères, et plus d'un catholique éprouva de cruelles anxiétés sur le sens et la portée des formules pontificales concernant les libertés et le progrès modernes. Là, en effet, paraissait le point difficile à élucider et à justifier.

Au plus fort de ces vociférations et de ces angoisses, la voix bien connue de Mgr d'Orléans se fit entendre, claire, forte, persuasive. Jamais l'illustre prélat ne fut plus éloquent ni plus heureux. Dans un commentaire lucide, motivé, qui aborda de front le point délicat et nébuleux, il indiqua la véritable portée des réprobations pontificales, avec un tel succès de persuasion qu'il mit fin aux inquiétudes des uns et rendit plus timides les récriminations des autres... Mais l'habile académicien parvint-il à calmer la tempête en palliant la terrible vérité, ou en dévoilant le véritable sens de la sentence romaine? On en peut juger par le bref que le Souverain Pontife, qui, mieux que tout autre, avait mesuré la portée de cet acte solennel émané de son autorité infaillible, adressa à l'évêque d'Orléans.

Suit la lettre apostolique du 4 février 1865 que nos lecteurs connaissent surabondamment. *L'Indiscipline*, fidèle à la tactique adoptée, prétend que cette lettre renferme une approbation complète de la brochure *la Convention du* 15 *septembre et l'Encyclique du* 8 *décembre*, que cette approbation consacre l'interprétation et les distinctions faites par Mgr Dupanloup. Elle ajoute que cette interprétation ayant été, en 1874, reproduite à la tribune française par le prélat député, et que Sa Sainteté Pie IX ayant daigné féliciter l'orateur, par lettre du 19 juillet, sans laisser tomber de sa plume « un mot capable de troubler la conscience de l'évêque d'Orléans » il en résulte que l'interprétation demeure plus inattaquable que jamais.

Nous étions loin d'attendre de notre contradicteur une confirmation aussi explicite de tout ce que nous avons écrit dans notre opuscule, pages 62 et suivantes, et 154; nous nous bornons à prier le lecteur de s'y reporter. Il est donc plus avéré que jamais que les catholiques libéraux continuent de se retrancher derrière la brochure épiscopale de 1865, comme derrière un boulevard imprenable. N'oublions pas que la lettre apostolique du 19 juillet contient une phrase très-significative, impliquant monition indirecte, que voici :

Quoiqu'il répugne aux éternelles lois de la justice, et même à la saine raison, de mettre sur le même rang le vrai et le faux, et d'accorder à l'un et à l'autre des droits pareils, cependant, comme l'iniquité des temps a transféré à l'erreur un droit qui, de sa nature, n'appartient qu'à la vérité, et que, sous le nom assez inconvenant de *liberté*, elle lui confère le pouvoir d'insinuer à son gré, de répandre et d'enseigner ses théories mensongères, nous estimons, vénérable frère, que vos efforts, pour tirer du poison communiqué à la société civile un antidote, ont été tout à fait habiles et opportuns. Car si les lois permettent à tout esprit malade d'étaler ses rêves en public et même de les donner et soutenir comme des dogmes de la science, on ne voit pas pourquoi cela ne serait point permis à la vérité; et il n'est personne, si ami du mensonge et si ennemi de la vérité qu'il soit, qui puisse nier l'évidence de ce droit, à moins d'avoir perdu totalement le sens.

L'*Indispline* conclut ainsi :

Nous avons, par les pièces mêmes qui servent de base à la diatribe du chanoine, une conclusion de tout point contraire à la sienne, savoir que le commentaire du *Syllabus*, publié par Mgr d'Orléans, sans prétendre à une autorité péremptoire, a été favorablement accueilli par le Souverain Pontife, et que, sur les encouragements et les félicitations qui lui sont venues de Rome, notre évêque et pasteur peut se tenir en parfait repos sur son orthodoxie libérale, et nous avec lui.

Orthodoxie libérale! C'est la première fois que nous rencontrons ce mot, sa signification nous paraît effrayante. Mais ce qui est plus effrayant peut-être, c'est l'obstination avec laquelle les catholiques libéraux continuent les habiletés, découvertes et stigmatisées au congrès de Malines en 1867 (1). Ces hommes ne désarment point, et c'est à l'ombre du palais épiscopal d'Orléans qu'ils travaillent avec une sorte d'acharnement : symptôme des plus graves que nous signalons à l'attention de l'épiscopat français, à la vigilance et à l'autorité du Siége apostolique.

L'*Indiscipline* termine par des gémissements sur l'insubordination de l'auteur, par de charitables instances auprès de qui de droit pour que le coupable soit sévèrement châtié, enfin par diverses insinuations et suppositions malséantes. A ce sujet, nous saisissons volontiers l'occasion de déclarer que nous avons agi dans notre spontanéité entière, que nous n'avons ni sollicité ni reçu aucun encouragement secret d'une autorité supérieure quelconque, et qu'à nous seul appartient la responsabilité de tout.

VIII

Les journaux français se sont peu occupés de la brochure. Comme article ayant de l'importance, on ne peut exhiber que celui qui a

(1) *Monseigneur Dupanloup*, p. 76 et suiv.

paru dans l'*Univers* du 27 février, sous la signature de M. Louis Veuillot. Nous citerons seulement les passages essentiels.

Mgr Pelletier, chanoine de l'Église d'Orléans, et chapelain d'honneur de Sa Sainteté, publie un important opuscule sur une très-grande question de l'histoire ecclésiastique contemporaine : *Monseigneur Dupanloup*, 1845-1875. Tel est le titre de cet écrit. Il contient l'histoire doctrinale d'un prélat dont les opinions ont souvent et fortement retenti parmi les catholiques de France...

Après avoir inséré une partie de l'avant-propos, M. Louis Veuillot continue ainsi :

Dans toute l'étendue de son ouvrage, qui est assez développé, l'auteur ne se permet rien en dehors de ce programme légitime. Avec une grande conscience et une grande mesure, il examine les documents nombreux et publics qu'il a recueillis. Il y montre l'idée, en effet très-suivie, dont Mgr Dupanloup a été le moteur dès son premier ouvrage, la *Pacification religieuse* (1845), et est resté l'appui le plus vigoureux et le plus habile jusqu'à son entrée en sénat. Cette idée est la conciliation de l'Eglise avec les principes de 89. Selon Mgr Pelletier, elle constitue ce qu'on appelle le libéralisme catholique.

A Orléans, quelques esprits, du nombre de ceux qui se servent volontiers des journaux, semblent se méprendre sur le caractère du livre de Mgr Pelletier, et sur le droit d'examen et de critique dont il a cru pouvoir user. Plusieurs l'accusent d'avoir écrit un pamphlet; d'autres se récrient contre son *indiscipline*; ils lui font injure et se font tort. L'auteur se prend à des brochures, à des discours et actes politiques qui n'ont aucun caractère épiscopal. Mgr. Dupanloup n'était pas évêque, lorsqu'il écrivait la *Pacification religieuse*; ce n'est pas comme évêque d'Orléans, mais comme académicien, comme député du Loiret, et comme membre du Concile écrivant en dehors du Concile et de son diocèse, qu'il a émis l'idée dont s'occupe son courtois et respectueux contradicteur. La qualité de chanoine d'Orléans ne l'astreint à aucune obéissance envers cette opinion. D'ailleurs son écrit n'a rien d'excessif ni d'aventureux, soit dans le fond, soit dans la forme. Il se borne à manifester très-fermement, mais très-décemment, son opinion à lui, toute différente de celle du prélat. La colère, l'objurgation, l'exclamation et surtout l'invention, caractères ordinaires des pamphlets, en sont sévèrement bannis. Il ne marche qu'entouré de documents nombreux, analysés avec scrupule, cités exactement et abondamment. Les commentaires sont exempts de ces précipitations, de ces points et de ces pointes qui semblent, dans les pamphlets véritables, noter les pulsations de la fièvre. En un mot, il fait de l'histoire très-sage, et il en tire les conclusions que lui paraissent demander la vérité et la charité.

Il est donc, selon nous, fort inutile d'essayer à cette occasion un tapage que l'auteur ne peut redouter. Ce tapage ne détournera pas l'attention des juges pour lesquels le livre est fait et auxquels il est soumis.

Dans l'*Univers* du 29, le même publiciste insère la lettre de Mgr l'archevêque de Paris, et celle de Mgr l'évêque d'Orléans, prises dans les *Annales religieuses* d'Orléans; il fait précéder et suivre ces documents des réflexions que voici :

« Dans notre numéro de samedi dernier, nous avons annoncé l'écrit intitulé : *Monseigneur Dupanloup* etc., publié, il y a environ trois semaines, et que nous avions lu et relu sans y voir les caractères répréhensibles que lui reprochaient plusieurs personnes d'Orléans. Nous recevons à l'instant les *Annales religieuses*, et nous y trouvons un document émané de Mgr le cardinal archevêque de Paris, qui nous donne à regretter d'avoir fait cette annonce. Son Eminence blâme sévèrement Mgr Pelletier qui lui avait adressé la publication, avec une délibération du chapitre d'Orléans, où cette publication est reprise d'une manière très-acerbe. Nous regardons comme un devoir de reproduire la lettre de notre archevêque...

Nous devons ajouter que Mgr Pelletier a fait savoir qu'il avait soumis son livre au jugement du Pape, ainsi que la délibération du chapitre, et le texte d'une adresse proposée au peuple d'Orléans. Nous n'avons rien à ajouter, et nous croyons qu'il ne nous appartient plus de faire connaître ses objections contre la forme et le fond de la décision capitulaire.

L'*Univers* du 3 mars publie un extrait de ma lettre adressée aux *Annales*, M. Louis Veuillot le fait suivre des lignes ci-après :

Parmi les journaux qui ont adjoint leurs forces incompétentes à celles des *Annales religieuses*, on remarque le *Figaro* et le *Journal du Loiret*. Le *Figaro* accuse l'*Univers* de pousser le clergé à la *révolte*, et le *Journal du Loiret* dit que nous avons *rétracté* notre article favorable à M. l'abbé Pelletier. Le *Figaro* se trompe suivant son usage, et le *Journal du Loiret* nous suppose un accent qui n'est pas le nôtre.

Nous avons simplement rempli un devoir que nous imposait l'impartialité et le respect, et nous nous sommes retirés d'une cause où nous croyons devoir nous abstenir d'émettre un avis.

La presse anticatholique n'a rien dit ou à peu près. On nous a parlé de quelques lignes de M. Edmond About dans le *XIX*e *Siècle*; il nous a été impossible de les lire, l'écho a sans doute manqué. Nous n'en sommes nullement surpris. Mgr Dupanloup, envisagé dans l'attitude par nous précisée, ne déplaît point à la Révolution. On sait que le *Siècle* n'a rien négligé pour persuader à ses lecteurs que Sa Sainteté Pie IX, répondant, le 18 juin 1871, à l'adresse d'une députation française, n'avait point condamné le catholicisme libéral, et que la phrase rapportée par l'*Univers* était invention pure (1). Tout système, renfermant quelque chose du virus de 1789, profite nécessairement au radicalisme, qui sait admirablement se prévaloir des concessions imprudentes. Par conséquent notre travail au fond ne pouvait que contrarier la tactique des ennemis de la et religion, ceux, qui ont écrit quelque part que ceux-ci s'en réjouissaient, se sont volontairement trompés. D'ordinaire, tout prêtre révolté ne manque pas de trouver défense et appui dans les feuilles radicales, qui savent alors présenter les choses de façon à donner tort au supérieur et raison à l'inférieur. Ici rien de pareil, silence absolu : tant il est vrai que je n'étais pas et que je ne suis pas un indiscipliné, et que, au point de vue des tendances des feuilles susdites, il n'y avait aucun avantage soit à patronner ma brochure, soit à dénigrer le prélat publiciste.

(1) *Monseigneur Dupanloup*, p. 111.

IX

Sont plus nombreux et plus explicites les journaux italiens qui ont parlé de l'opuscule. Entendons d'abord les journaux défavorables. Voici le premier article de l'*Unità cattolica* de Turin, fin de février 1876 :

Nous annonçons avec une souveraine douleur que Mgr Dupanloup, évêque d'Orléans, retour de Rome, où il était allé porter de nouveau l'hommage de son respect filial aux pieds du Saint-Père Pie IX, se voit attaqué en France par un libelle, où l'on prétend faire de l'illustre prélat le père du libéralisme condamné par l'Eglise. Si Mgr Dupanloup avait eu le malheur d'écrire quelque page non conforme à l'enseignement catholique, oh! il n'en coûterait nullement au nouveau Fénelon de la rétracter solennellement.

Mais il n'en est pas ainsi; ce qui est vrai c'est que les textes de l'évêque d'Orléans ne sont que trop torturés, comme cela s'est fait déjà pour les textes de l'*Univers*. Mgr Dupanloup n'a jamais demandé que la liberté des ordres religieux, la liberté d'enseignement, la liberté de l'Eglise et du Pape. Voilà son libéralisme! Et jamais une attaque quelconque n'a été dirigée contre Pie IX, et le Saint-Siége, que l'illustre prélat n'ait été le premier à descendre dans l'arène et à combattre victorieusement les ennemis de la cause catholique.

Oh! allez demander aux francs-maçons si Mgr Dupanloup est le père du libéralisme! Sans ses *Etudes sur la Franc-maçonnerie*, outre ce qu'il fait pour démasquer cette secte dont les libéraux sont la progéniture, dans une page admirable il se prend à lutter contre le libéralisme lui-même et il le frappe au cœur. Et, quant à nous, nous serions bien heureux s'il n'existait pas d'autre libéralisme que celui de Mgr Dupanloup, et si la société n'avait pas d'autres ennemis, ni l'Eglise d'autres persécuteurs.

A notre grande douleur, nous devons ajouter que l'auteur du libelle contre l'évêque d'Orléans est un chanoine de sa cathédrale! Dimanche dernier, les prêtres lisaient à la sainte messe les lamentations de saint Paul, et entre autres celle qui a trait aux périls provenant des faux frères. *Periculis in falsis fratribus!* Le chapitre de la cathédrale s'est empressé de protester contre le procédé du chanoine, et on lui a défendu d'exercer, jusqu'à nouvel ordre, les fonctions sacrées. Il nous semble qu'il y a quelque chose de plus dangereux que le libéralisme de Mgr Dupanloup, c'est la conduite d'un prêtre qui érige une chaire contre son évêque, et qui le condamne, au moment où le Saint-Père Pie IX le presse tendrement sur son sein au Vatican.

Tout cela est éloquent, mais peu véridique; nous ne connaissons pas dans les *Etudes sur la franc-maçonnerie* une seule page, où le catholicisme libéral soit frappé au cœur. L'estimable rédacteur de l'*Unità* peut être convaincu que, si nous avions pu découvrir cette bienheureuse page, nous n'aurions pas manqué de l'intercaler dans notre travail, et d'y voir une preuve de plus du soin avec lequel, dans ces derniers temps, l'auteur des *Etudes* s'est attaché à ne point heurter, comme nous l'avons fait remarquer, les doctrines du Saint-

Siége (1). Très-certainement, au moment, où les lignes ci-dessus ont été écrites, le rédacteur n'avait point lu mon livre ; il n'en parlait que sur un exposé faux ou tout au moins incomplet ; autrement, il aurait vu, de ses yeux vu, que Mgr Dupanloup n'a pas écrit ni parlé seulement en faveur des intérêts de l'Eglise, mais qu'il s'est efforcé de convaincre ses adversaires que l'Eglise n'est nullement opposée aux maximes de 89, entendues dans le sens des grands esprits de la Constituante.

Quant à l'épithète de *faux frère*, elle est, c'est le moins que nous puissions dire, très-irréfléchie. Un faux frère est celui qui abuse des connaissances acquises dans la famille pour desservir les siens. Ai-je révélé un secret quelconque ? Est-ce que les écrits de l'évêque d'Orléans ne sont pas du domaine public ? Sans doute je n'ai pas tout admiré, tout glorifié. Y a-t-il obligation de tout admirer, de tout glorifier ? Quiconque admet la critique sur tel ou tel point devient-il, par cela seul, un faux frère ? Sans doute encore la gloire du père rejaillit sur les enfants, et un fils bien né ne doit pas l'amoindrir. Mais c'est la gloire solide et de bon aloi, qui s'impose ainsi, qui constitue le patrimoine et l'honneur des enfants ; la gloire qui provient de la fermeté dans les principes, d'une adhésion inaltérable aux saines doctrines. Or, cette gloire ici nous manque, du moins elle n'est pas complète.

Pour trait final, l'*Unità* me reproche d'ériger une chaire contre mon évêque. On n'abuse pas des mots à ce point. Ce serait vrai, si j'avais contredit mon évêque dans son enseignement officiel et légitime ; mais cela n'est pas. De plus, je n'ai point opposé ma doctrine propre à celle de mon évêque ; j'ai rappelé uniquement les décisions émanées du Siége apostolique, j'ai soumis à ce contrôle les écrits de Mgr Dupanloup, comme tout théologien pouvait et peut encore le faire.

Sauf une seule ligne, les *Annales religieuses* d'Orléans ont reproduit, n° du 4 mars, l'article de l'*Unità*, muni pour la circonstance d'un en-tête prétentieux : JUGEMENT *de M. l'abbé Margotti, rédacteur de l'Unità cattolica sur le libelle*, etc... La ligne omise a été remplacée par des points, et ces points, il faut le dire, sont éloquents. M. l'abbé Margotti écrit « que les textes de l'évêque d'Orléans ont été torturés comme autrefois ceux de l'*Univers* » ; il fait allusion au pamphlet l'*Univers jugé par lui-même*. Or, cette allusion, ou plutôt cette énonciation précise, accusatrice, les *Annales* l'ont passée sous silence ; et ainsi se trouve confirmé notre récit touchant l'origine orléanaise de la fameuse brochure (2). De plus, la méprise de M. l'abbé Margotti, qui, voulant se poser en défenseur, vient charger son client, démontre jusqu'à l'évidence que l'estimable rédacteur n'avait pas lu mon livre.

(1) *Monseigneur Dupanloup*, p. 150.
(2) *Monseigneur Dupanloup*. p. 41.

L'*Unità*, nº du 2 mars, reproduit la lettre de l'archevêque de Paris et celle de l'évêque d'Orléans, il les accompagne des réflexions suivantes :

Un journal notre confrère se trompe de parti pris (1), quand il suppose que nous avons été induits à prendre parti pour l'évêque d'Orléans, Mgr Dupanloup, par un sentiment autre que celui de la justice, de la reconnaissance et de la religion. Nous demandons s'il est possible de tolérer qu'un chanoine de la cathédrale d'Orléans, lorsque son évêque est absent et qu'il se trouve aux pieds du Pape, se lève pour l'accuser par la presse, et qu'au moment où Pie IX, accueille Mgr Dupanloup avec une bienveillance paternelle, le chanoine en maltraite les écrits et la personne, et le présente au monde comme un *catholique libéral*. Nous détestons les *catholiques libéraux* ; mais ne nous semblent pas meilleurs ceux qui combattent de cette façon le *catholicisme libéral*, en l'attribuant à des personnes qui ne le professent pas, et en semant ainsi la zizanie et en tourmentant l'Eglise, tout en se donnant l'air d'être ses apologistes.

En fin de compte, nous possédons dans l'évêque d'Orléans un grand ennemi de la Révolution, qui l'a constamment combattue; un évêque qui n'a jamais laissé un moment de trève aux ennemis du Pape, qu'ils fussent empereur en France ou ministres en Italie; un orateur qui a sans cesse prodigué sa parole pour la gloire de Dieu et la défense de Pie IX, un homme d'un caractère très-noble, qui sortit de l'Académie française au moment où y pénétrait un athée. Et nous devons aujourd'hui le voir diffamé, par qui? par un chanoine de sa cathédrale. L'Eminentissime Guibert, archevêque de Paris, a justement stigmatisé un pareil procédé...

Cette lettre suffit pour peindre Mgr Dupanloup, et son cœur aussi grand que son génie. Ah! cessons une bonne fois de le tourmenter, ce cœur si douloureusement affligé des maux de l'Eglise et des souffrances du Saint-Père. Qui trouve à redire dans ses œuvres et dans ses discours, s'il est animé d'un bon esprit, qu'il en écrive directement à l'évêque d'Orléans, mais qu'il ne le déchire pas dans les journaux! S'il ne paraît pas suffisant de lui écrire, qu'il s'adresse au Pape et aux SS. Congrégations, mais qu'un si indigne spectacle ne se prolonge plus! Le journalisme catholique a assez et trop d'ennemis déclarés à combattre, sans s'en forger de nouveaux et maltraiter à ce point des amis et des frères. Ce vertige qui nous menace est un nouveau et terrible châtiment de la justice divine. Demandons au Seigneur la grâce de connaître l'esprit de son divin Fils, et de pouvoir répéter avec Saint Paul : *Nos autem sensum Christi habemus* (I. Cor. II. 16.)

Le *Français* du 26 mars a reproduit l'article qui précède ; il ne s'est point hâté, comme on le voit. Ce journal ajoute la réflexion ci-après :

Ce qui a justement indigné le célèbre journal de Turin, c'est cette prétention du censeur de Mgr Dupanloup de représenter l'évêque d'Orléans comme un *catholique libéral*, accusation véritablement odieuse, surtout quand on sait, pour avoir lu les documents pontificaux résumés par M. d'Ondes-Reggio au congrès catholique de Florence, quel sens le Saint-Père attache à cette expression.

(1) Allusion à un article de l'*Osservatore cattolico* qu'on lira plus loin.

Le *Français* n'est pas sincère. Les documents qu'il invoque ne s'appliquent point au sujet. Le Pape, écrivant au congrès de Florence, fait remarquer que l'expression *catholique libéral*, est par elle-même une monstruosité, puisqu'elle prétend associer ensemble deux idées et deux mots qui se repoussent mutuellement. L'observation est parfaitement juste, et par conséquent la qualification est odieuse de sa nature, ce qui ne veut pas dire que, en certains cas, la dite qualification ne soit point méritée. Les termes d'*hérétique*, de *schismatique* sont également odieux ; cessent-ils pour cela d'être vrais, quand ils sont appliqués à propos ? Au surplus, l'*Osservatore cattolico* de Milan a répondu au *Français*. On lira son article plus loin.

Les lignes du *Français* ont passé dans les *Annales* d'Orléans, nº du 1er avril.

Nous ne relèverons pas, pour le moment, les reproches formulés par l'*Unità*, nous aurons l'occasion d'y revenir et d'aborder la difficulté en face.

L'*Ancora* de Bologne, 2 mars, s'exprime ainsi :

A Orléans est arrivé, ces jours-ci, un incident désagréable. Un chanoine de la cathédrale, M. Pelletier, s'est permis de publier un écrit sur son évêque, l'illustre Mgr Dupanloup, où, en torturant les phrases et jusqu'aux intentions de l'éminent prélat, on lui attribue des sentiments qu'il n'a jamais eus.

Nous sommes sincèrement affligés de ce scandale, et à cause de la peine que ressentira l'illustre champion de l'enseignement catholique et à cause du mauvais effet qu'il aura certainement produit chez les bons, en donnant matière aux insinuations malignes des francs-maçons et des ennemis de l'Eglise.

Honorés de l'amitié personnelle de l'illustre évêque, nous connaissons trop ses convictions intimes et ses intentions droites pour ne pas protester contre des accusations injustes et calomnieuses. Dire que Mgr Dupanloup est un révolutionnaire, ajouter que c'est un ami des principes odieux à l'Eglise, et qu'il veut une alliance avec la Révolution, c'est soutenir une thèse qui n'est absolument basée sur rien, c'est dénigrer une des lumières de l'Eglise en France.

Si l'évêque d'Orléans a eu recours aux moyens légaux et demandé la liberté d'enseignement, de culte, de la presse, etc., ce n'était pas déjà parce qu'il regardait ces libertés comme bonnes en elles-mêmes, puisqu'il n'existe pas de catholique qui admette que toutes les religions soient bonnes, que tous les enseignements soient dignes d'éloges, et qu'on doive laisser les rênes libres aux journaux et aux publicistes; mais, Mgr Dupanloup s'est trouvé en présence d'un fait grave, tant sous Louis-Philippe que sous Napoléon III; les libres-penseurs pouvaient imprimer tout ce qu'ils jugeaient convenable, tandis qu'aucune facilité n'était accordée aux catholiques. Que devait faire Mgr Dupanloup? Dire que tout allait pour le mieux dans le meilleur des mondes possibles? Mais cela était contraire aux intérêts les plus vitaux de l'Eglise. Il a donc combattu pendant quarante ans pour obtenir, au profit du catholicisme, cette liberté qui était pour les libres-penseurs un monopole, et il a ainsi rendu un grand service à l'Eglise.

Maladroit ! aura dit l'évêque d'Orléans en lisant ces lignes, est-ce que la liberté de la presse a été déniée aux catholiques ? Est-ce pour cette liberté que j'ai combattu pendant trente ans et non quarante ? Ce journaliste ne connaît pas plus les choses de France que je ne connais celles d'Italie. Continuons :

Si cela s'appelle être révolutionnaire, nous confessons que nous ne savons ni lire ni écrire et nous sommes tout joyeux d'être si ignorants.

O candeur !

Le chanoine Pelletier aurait dû, avant d'écrire son livre, demander au *Siècle*, aux *Débats*, au *Temps*, à la *République française* et à tous les organes de la libre pensée et de la franc-maçonnerie, ce qu'ils pensaient de l'esprit révolutionnaire de Mgr Dupanloup, et il aurait obtenu une réponse qui, peut-être, ne l'eût point encouragé d'attaquer son évêque.

Il y a une chose certaine, c'est que l'évêque mis en cause n'a été ni attaqué ni défendu par les journaux précités ; ce qui signifie qu'il y avait, à leur point de vue, autant de raisons pour attaquer que pour défendre, doute par conséquent, et dans le doute on s'abstient. Cela ne prouve pas assurément que Mgr Dupanloup soit un de ces caractères prononcés, exclusivement amis de la ligne droite, en face desquels toute incertitude est impossible.

Nous nous souvenons trop de 1860, quand les Havin, les Guéroult, les Renan, les Littré, alliés avec les bonapartistes et le prince Napoléon, le mangeur de viande le vendredi-saint, voulaient, à tout prix, démolir l'évêque d'Orléans, et lui intentèrent un fameux procès pour diffamation. Tous s'accordaient à vouloir la condamnation de l'illustre prélat et, déjà, ils dégustaient avec volupté la pensée de le savoir démoli; mais, nonobstant leurs efforts, il déploya une telle éloquence, qu'il sortit du procès quasi intact et qu'il foudroya, au moyen d'un splendide discours, tous les francs-maçons et leurs organes le *Siècle*, la *Presse* et l'*Indépendance belge*. L'empire eut une telle peur de cet éloquent discours et une telle honte de son échec qu'il en défendit la circulation en France. Le compte-rendu a dû être imprimé en Belgique et introduit secrètement en France.

Magnifique, mais peu exact et peu concluant.

Ce n'est pas l'unique circonstance dans laquelle les maçons se soient déchaînés contre Mgr Dupanloup ; car cet éminent évêque ne publiait pas un seul écrit sans soulever une tempête de protestations, non parmi les bons, comme voudrait M. Pelletier, mais parmi les méchants et les sectaires. Celui-ci voit donc que son évêque n'est pas devenu l'ami le plus tendre des libres penseurs et des sectes, et qu'il n'est pas l'homme dangereux qu'il voudrait évoquer devant nous.

Du reste, ces idées mises de côté, il y a une chose qui nous afflige, dans l'incident Pelletier, c'est de voir un prêtre se lever pour juger son évêque et pour le condamner. Parlons clairement : Peut-on croire que le bien puisse sortir de pareilles polémiques insubordonnées ? Quant à nous, ce bien ne nous apparaît pas; d'autant plus que, si l'on admet que les inférieurs ont la faculté de juger leurs supérieurs, on crée des précédents destructeurs de tout ordre, et on donne lieu à des scandales qui causent un grave préjudice à l'Eglise et à la société.

L'*Ancora* trouvera plus loin la réponse à sa dernière objection Même numéro, est analysée la lettre de l'archevêque de Paris, et le rédacteur se déclare extrêmement satisfait de toutes les sévérités qu'elle renferme, par cette raison qu'il ne faut pas laisser vilipender l'autorité épsicopale par ceux qui doivent aux fidèles l'exemple de la soumission et de la vénération. Il prend soin d'ajouter que sa parole laïque est dépourvue de toute complaisance, mais qu'il sera inexorable pour tous les chanoines Pelletier, et qu'il n'en laissera point passer un seul sans en faire justice.

Les chanoines Pelletier! au pluriel! Cette pauvre *Ancora* chasse sur son ancre, elle va à la dérive; qu'elle apprenne donc que les chanoines Pelletier sont rares, et que, pour le moment, il n'y en a qu'un seul en France. L'*Ancora* estime que c'est beaucoup trop; et, moi, j'estime que ce n'est pas assez. Il y a quelque part un juge qui nous mettra d'accord.

Le même journal, 5 mars, me consacre deux articles. Voici le premier :

L'*Ancora*, un des premiers, et, avec nous, l'*Unità cattolica*, le *Diritto cattolico*, le *Conservatore*, etc., ont vivement blâmé l'opuscule du chanoine Pelletier et ils l'ont qualifié de scandale. Maintenant, l'*Osservatore cattolico*, dans son entrefilet d'hier, écrit à notre adresse les lignes suivantes : « Nous voudrions savoir s'il est juste de condamner Mgr Pelle- « tier comme auteur d'un scandale, comme ayant attribué à Mgr Dupanloup « des intentions que celui-ci n'a jamais eues. »

L'*Osservatore cattolico* veut savoir de nous si l'acte dirigé contre l'évêque d'Orléans est un scandale. Nous ne répondrons pas de notre bouche, puisque, à notre place, le cardinal Guibert se fera un plaisir de répondre au moyen de la lettre que nous avons insérée... De plus, Mgr Dupanloup, écrivant au chanoine Desbrosses, dit : « Je plains celui qui a donné un « tel scandale, etc... » Cela suffit pour nous justifier.

Second article :

M. le chanoine Pelletier écrit aux *Annales religieuses*, d'Orléans, pour déclarer qu'il était dans son droit en censurant Mgr Dupanloup, parce qu'il le censurait non comme évêque, mais comme homme politique et comme publiciste.

Nous en sommes peinés pour M. Pelletier, car, outre que sa distinction est risquée, après le scandale causé, après la sévère leçon à lui infligée par le cardinal Guibert, son devoir était de se rétracter et de chercher à réparer le mal commis. De toute manière le silence eût été toujours préférable à des excuses insuffisantes et à des distinctions impossibles.

Quant à nous, nous n'admettons pas de pareilles confusions. Pour nous, Mgr Dupanloup est l'évêque d'Orléans, l'évêque de M. Victor Pelletier. Le livre donc de ce monsieur est dirigé contre son évêque, et dire, comme le fait M. le chanoine : « J'ai attaqué Dupanloup publiciste « et homme public et non Dupanloup évêque; » cela nous paraît une excuse peu sérieuse. Nous le répétons : Combien valait mieux un acte de réparation!

Pour nous, l'autorité est toujours l'autorité, et nous n'admettons, en aucun cas, que l'inférieur se donne licence de s'ériger au-dessus de son supérieur.

Que dirait, du reste, M. Pelletier, si jaloux des droits du Saint-Siége pour accuser Mgr Dupanloup comme révolutionnaire, si demain paraissait un libelle contre le Saint-Père, et si l'auteur se défendait en disant :

« J'ai accusé et censuré Mastaï-Ferretti homme privé, souverain et, par « conséquent, homme politique ; je n'ai pas le moins du monde voulu « porter offense à Pie IX, pontife ? Il nous semble que la comparaison est « juste. »

Il est difficile de voir un article plus mal digéré. De ce principe, savoir qu'il n'est jamais permis à un inférieur de relever les erreurs d'un évêque, même lorsqu'elles sont manifestes et notoires ; comme aucun évêque n'est infaillible, comme l'histoire ecclésiastique nous apprend que la plupart des hérésies et des schismes ont eu pour complices des évêques ; il s'ensuit que les inférieurs n'ont pas le droit de se soustraire actuellement et respectivement, ni de soustraire les autres par les moyens en leur pouvoir, à l'influence fatale d'un prélat auteur ou fauteur de schisme ou d'hérésie.

Quant à la comparaison, elle boîte de plus d'un pied. D'abord l'énoncé : censurer Mastaï-Ferretti, homme privé, souverain et par conséquent homme politique ! *homme privé* et *homme politique* ne peuvent aller ensemble ; *souverain* et *homme politique* ne sont point des termes identiques. Mais ce que veut dire l'*Ancora* vaut mieux, sans doute, que ce qu'elle dit. Telle est, selon nous, sa pensée : Si, avant son exaltation, Mastaï-Ferretti avait, soit par des écrits, soit par des actes, fait des choses contraires au bien de l'Eglise, serait-il permis à tout homme compétent, au nom de l'histoire et des saines doctrines, de relever ces écrits et ces actes, même de les déplorer ? Nous répondons affirmativement. Et le cas s'est rencontré. L'*Ancora* sait aussi bien que nous que le célèbre Æneas Sylvius, qui occupa la chaire de saint Pierre sous le nom de Pie II, avait participé au conciliabule de Bâle. Æneas Sylvius lui-même a déploré sa faute, les théologiens catholiques ses contemporains n'ont pas manqué de le blâmer, et Pie II ne leur a jamais contesté ce droit. Au surplus, l'*Osservatore cattolico* répondra.

L'*Armonia* de Florence, 3 mars, a publié les deux lettres, et elle les fait suivre de ces réflexions :

Nous sommes heureux de voir confirmé dans ces deux importants documents le jugement par nous exprimé dans notre numéro d'hier. Nous formulons de nouveau le vœu que l'auteur revienne à un sens meilleur, et nous souhaitons que semblables prévarications ne se reproduisent plus, ni en France ni ailleurs, et qu'on comprenne une bonne fois qu'il n'y a déjà que trop de communards pour mettre le feu au monde et affliger l'Eglise, sans qu'on leur prête la main.

A propos de main, le rédacteur de l'*Armonia* n'y va pas de main morte ; c'est tout ce que nous lui répondrons.

La même feuille, 7 mars, continue ses gentillesses.

On nous écrit de Rome, sous la date du 3 :

La S. Congrégation de l'*Index* vient de réprouver le livre de Madame Adalgise, de Milan, qui était à Rome très-peu connu. Quoiqu'un journal anarchique affecte de se réjouir de cette condamnation qui fera connaître le livre à tous, la condamnation reste et elle a toujours son effet sur les meilleurs citoyens, savoir les Italiens catholiques. Si le Saint-Siége prend soin de proscrire un ouvrage à peine connu, il n'eût pas moins condamné les écrits et les actes publics d'un évêque, du moment qu'ils l'auraient mérité. Cette simple observation suffit pour réprouver les calomnies du chanoine Pelletier contre l'évêque d'Orléans.

L'appel est la dernière consolation du condamné, et on ne doit pas l'interdire même à un coupable se reconnaissant tel, comme le chanoine Pelletier, lequel en s'arrogeant le droit de réprouver les déclarations publiques et les écrits imprimés de son évêque, condamnait en même temps le Saint-Siége. Avec la hardiesse d'un rebelle, le chanoine Pelletier en venait à dire au Pape : Vous manquez à votre devoir en ne condamnant pas l'évêque d'Orléans. Je vous déclare que j'y pourvois, moi ! Ce nonobstant, le Saint-Siége, que le chanoine Pelletier prétend condamner comme il a condamné l'évêque d'Orléans, le jugera avec impartialité et charité. Mais, l'issue de l'appel ne peut être douteux, du moment que la faute de révolte contre le propre évêque est publique et avouée. Les journaux et les écrivains qui résistent à leur propre évêque et même pire, qui condamnent son enseignement, font, du même coup, injure au Saint-Siége, à qui appartient le jugement sur toute l'Eglise.

Le chanoine Pelletier se sera fait illusion, et il faut prier afin qu'il revienne à des inspirations meilleures. Mais il convient de réprouver avec vigueur toute tentative et tout principe d'anarchie que les mécréants, soit déclarés, soit masqués, veulent introduire dans l'Eglise de Dieu. Le chanoine Pelletier, avec ses acolytes, a secondé, peut-être sans le savoir, de tels mécréants qui, par l'inertie des uns, par l'ignorance des autres, et, par la faute de tous, ont déjà causé tant de dommage aux catholiques, au grand contentement des non-catholiques. Dans cette cause du chanoine Pelletier, le Saint-Siége rendra justice à qui de droit, et il condamnera les écrits qui méritent d'être condamnés, comme il a condamné le livre de la dame milanaise Adalgise.

Après des prémisses si ronflantes, la conclusion est molle.

L'*Armonia*, même numéro, ajoute ceci :

Nous avons la douleur d'annoncer que le chanoine Pelletier, bien loin d'accorder les satisfactions nécessaires que réclamaient de lui la vérité, le devoir et la justice, et, plus encore, les âmes qu'il a scandalisées par son libelle connu, persiste, au contraire, dans la prévarication qui attriste tous les bons, et il y ajoute la témérité insensée de la transformer en droit lui appartenant. Nous concluons cela d'une lettre que ce chanoine a envoyé, avec intimation de publier, aux *Annales religieuses* d'Orléans, où il cherche à se disculper de l'accusation de calomniateur et d'insubordonné, et où il affirme le droit qu'il avait et qu'il a de juger les écrits sociaux et politiques de son évêque, qui ne se rapportent point à son ministère épiscopal, mais simplement à son rôle d'écrivain et d'homme politique. D'autre part, M. le chanoine est électeur; il a donné sa voix à Mgr Dupanloup, en 1871; donc il a le droit d'interroger sa vie politique et de l'apprécier!!! Ces prétestes misérables et ces méchantes chicanes ne servent qu'à rendre sa conduite plus coupable et plus monstrueuse. C'est pourquoi les mensonges dont il s'est fait l'organe, et la révolte, dont il a donné l'abominable exemple, atteignent maintenant, plus directement que la première fois, le Saint-Siége, à qui il a fait appel, et dont il méprise préventivement et dont il suspecte le jugement, tandis que, en bon chrétien et en ecclésiastique exemplaire, il devait l'attendre avec résignation et se préparer à le recevoir avec toute la soumission de son âme. Ils atteignent également la personne vénérée de l'Eminentissime archevêque de Paris, dont le chanoine a rejeté les salutaires avertissements, foulé aux pieds les paternelles exhortations, et tourné en dérision les espérances bienveillantes et les prières ayant pour objet de le faire venir à résipiscence.

Ils atteignent finalement tous les catholiques de France et du monde entier qui, à peine connurent-ils la chute du Pelletier, qu'ils ont eu horreur et qu'ils l'ont stigmatisé d'un blâme universel.

Et ayant sur la conscience un pareil ballot d'arrogance, M. le chanoine a le courage de dire qu'il n'est pas un *révolté!* Pour en venir à un tel aveuglement, il faut avoir l'âme bien dépourvue de la vertu des humbles à qui *Deus dat gratiam*. Que Dieu l'empêche de tomber!

Nous laissons à d'autres journaux italiens le soin de répondre à ces indignités ; on les entendra tout à l'heure. Cependant, je dis encore une fois que, du moment que mes adversaires n'attendaient pas eux-mêmes le résultat de l'appel, et qu'ils continuaient la guerre, j'étais dans la nécessité de me défendre.

L'*Osservatore romano*, 7 mars, s'exprime ainsi :

A Orléans s'est produit ces jours-ci un incident désagréable. Un certain chanoine de la cathédrale, Pelletier, s'est permis de publier un écrit concernant son évêque, Mgr Dupanloup, pour lui attribuer des sentiments qu'il n'a jamais eus, en torturant ses phrases et jusqu'à ses intentions. Ce qui nous afflige, écrit l'*Ancora* de Bologne, dans l'incident Pelletier, c'est de voir un prêtre se mettre à juger son évêque et à le condamner.

Suivent les deux lettres et un extrait de l'*Unità cattolica*, insérée ci-dessus.

Nous passons à la *Libertà cattolica* de Naples, nº du 7 mars. Dans une correspondance, datée de Rome, on lit ceci :

Vous n'avez rien dit de la polémique scandaleuse soulevée à Orléans entre l'évêque du lieu, Mgr Dupanloup, et un chanoine de sa cathédrale, M. Pelletier. Un article sur ce sujet serait à propos. Je dis un article, non un jugement ; car on sortirait des limites de la compétence d'un journal catholique, si l'on voulait porter un jugement en pareille matière, savoir entre l'évêque et son chanoine.

Le chanoine Pelletier, ecclésiastique distingué, à ce qu'il paraît, animé d'un zèle détestable, a écrit un opuscule contre Mgr Dupanloup. Il réprouve et censure les opinions politiques et religieuses de son évêque! Le doyen de la cathédrale, après la publication de ce livre, a interdit au chanoine pamphlétaire l'entrée au chapitre ; le chanoine en a appelé au Saint-Siége!

M. Pelletier a formulé une déclaration qu'il a envoyée aux *Annales religieuses*. Il dit beaucoup de futilités pour excuser sa félonie au regard de la discipline ecclésiastique, entre autres choses qu'il est électeur, et qu'il a le droit de juger l'élu ! Quelle aberration, voir l'élu du peuple et non l'envoyé de Dieu dans son propre évêque !

Il est vrai, que canoniquement, est accordé droit de recours contre l'évêque et contre son tribunal pour un tort quelconque ou déni de justice, etc. Cela prouve que le gouvernement de l'Eglise est doux et juste. On va en appel devant le métropolitain, en cassation pour ainsi dire devant le Saint-Siége. Le chanoine d'Orléans n'a eu recours ni au métropolitain ni au Saint-Siége, mais se faisant juge de son évêque, il a écrit un opuscule contre lui, et même il a critiqué ses tendances en matière religieuse. Tout cela, je le répète est, déplorable.

L'évêque d'Orléans a répondu pour ne pas rester jugé avant l'heure en face de ses diocésains. Il a rappelé notamment une lettre très-récente du Pape, où on lit ceci : « Je connais parfaitement votre grande doctrine, etc. » L'évêque d'Orléans ne devait compte à personne de sa conduite si ce n'est au Saint-Siége, et les paroles du Pape précitées auraient dû détourner le chanoine Pelletier d'écrire son opuscule.

Il y a des journaux qui, ouvertement ou secrètement, en tout ou en partie, ont pris la défense du chanoine Pelletier, même en Italie ! Ceci est l'anarchie qui commence à pénétrer parmi les bons. On veut implanter la Constitution dans l'Eglise ; les évêques auraient à répondre de leur conduite aux journalistes catholiques ! Cela est de l'anarchie, oui ! de l'anarchie. L'épiscopat, sauf les cas prévus, est au-dessus de l'opinion publique ; il a son juge naturel et inexorable. Est déplorable, je le répète, l'anarchie provenant du fait de tels journaux qui, ne comprenant pas l'inconvenance non-seulement de parler sur la question mais encore de la juger, décident en faveur du chanoine libelliste contre son évêque !

Une fois il s'est agi de mettre un frein ou de donner une direction à la presse catholique. La possibilité de pareils scandales, qui se prévalent en France d'une douloureuse tradition, où la presse catholique est sous la direction deslaïques, exigerait nécessairement pareil frein, mais cela est très-difficile dans la pratique.

J'ai manifesté mes sentiments, sans avoir en vue tel diocèse ou tel évêque, que le cas concerne ; j'ai parlé de ce diocèse et de cet évêque, eu égard au fait pris en lui-même, savoir le cas d'un censeur public de l'évêque ; fait qui émeut la conscience catholique, au souvenir de ces paroles du Christ : *Euntes docete*, etc...

Nous signalons au lecteur l'incidente, *sauf les cas prévus ;* et nous demandons à la *Libertà cattolica* si, par malheur, Mgr Dupanloup ne serait pas lui-même dans un de ces cas prévus, où l'opinion catholique a le droit de s'enquérir de ses sentiments et de souhaiter que certaines rectifications soient insérées dans ses écrits. Nous n'insistons pas en ce moment, quoique ce soit là toute la question ; nous aborderons le sujet plus loin avec l'attention qu'il mérite.

Cette revue des journaux catholiques italiens, et des journaux défavorables à ma cause, est tristement instructive. On sent premièrement que les écrivains n'ont pas lu mon livre et qu'ils l'ont uniquement jugé d'après les deux lettres épiscopales et les diatribes des *Annales* d'Orléans. Ils n'ont pas même lu ces documents avec attention. Secondement, on constate que ces journalistes n'ont jamais étudié les œuvres et les actes de l'illustre évêque d'Orléans, pris dans leur ensemble; non-seulement ils ne les ont pas étudiés, mais même ils semblent ne tenir aucun compte des impressions ressenties par les hommes les plus dévoués à l'Eglise, à l'occasion de certains faits ; impressions qui cependant se sont communiquées de proche en proche et ont laissé, c'est le moins que nous puissions dire, l'opinion catholique inquiète et alarmée. Troisièmement, ces jugements, pleins de caresses pour l'évêque et pour moi sans pitié, nous révèlent de quel prestige jouissent le talent et la puissance, jusqu'au point de lancer des écrivains sérieux dans la voie des accusations les plus gratuites, et avec quelle facilité à une question de doctrine on substitue une question de personne. Quatrièmement, ce *Tolle, crucifige* s'expliquerait encore par les intelligences secrètes que le libéralisme catholique sait habilement entretenir dans les bureaux de plusieurs journaux italiens, point capital auquel les feuilles les mieux intentionnées ne font pas suffisamment attention.

Nous concluons de tout cela que notre publication était beaucoup plus nécessaire et beaucoup plus opportune que nous ne pensions ; soit dit sous toutes réserves, et sans préjudice de toute décision légitime contraire.

X.

Ecoutons maintenant les journaux catholiques italiens favorables à mon livre. Nous n'en connaissons que trois, savoir : la *Sicilia cattolica*, de Palerme ; *Rome*, feuille publiée en français à Rome ; et l'*Osservatore cattolico*, de Milan ; il doit y en avoir d'autres. La *Sicilia cattolica* s'exprime ainsi, 11 mars.

Le chanoine Pelletier, comme nos lecteurs le savent, a écrit un livre où il montre que l'évêque d'Orléans a été gallican et libéral, qu'il a voulu la conciliation des principes de 89 avec ceux de l'Eglise. Il prouve sa thèse par les paroles mêmes et les écrits de Mgr Dupanloup.

L'*Univers* a dit que ce chanoine était dans son droit, parce qu'il n'agissait pas contre l'évêque, mais contre l'écrivain, et qu'il se fondait principalement sur des écrits antérieurs à son épiscopat. l'*Unità cattolica* défend Mgr Dupanloup, en disant qu'il n'a point été libéral. puisqu'il a défendu et soutenu l'Eglise et combattu la révolution. Le chapitre d'Orléans a protesté contre M. Pelletier ; l'archevêque de Paris lui a retiré la permission de prêcher dans son diocèse, et écrit une lettre très-forte, en appelant son livre un vrai *scandale*, exigeant réparation. A première vue il semble assez difficile de porter un jugement sur cette controverse, nous croyons néanmoins qu'on peut le faire à l'aide d'une bonne distinction.

Il est certain que le livre de M. Pelletier a été inopportun et imprudent. Mgr d'Orléans a rendu de grands services à l'Eglise ; il n'est plus gallican du moment qu'il a reconnu l'infaillibilité du Pape et introduit dans son diocèse la liturgie romaine. Quelle utilité donc d'écrire ce livre ? S'il voulait examiner ses œuvres, ce n'était pas l'heure ; et, d'ailleurs, il fallait compter sur le blâme énergique des nombreux amis de cet évêque, et aussi sur quelque condamnation désagréable, comme il est arrivé. Tandis que les radicaux triomphent, il ne convenait pas de semer la zizanie parmi les catholiques.

Nous traiterons en son lieu la question d'opportunité, nous voulons seulement dire tout de suite que l'argument tiré des amis nombreux, et de la soi-disant zizanie, sent la politique humaine.

D'autre part, continue la *Sicilia*, nier le libéralisme et le gallicanisme de Mgr d'Orléans, déjà suffisamment connus et du domaine public, c'est chose étrange. Le livre de l'abbé Morel sur la réunion de la Roche-en-Brenil, et qui d'ailleurs fut loué dans un bref du Saint-Père, en dit assez. Beaucoup d'œuvres de cet évêque le montrent jusqu'à l'évidence. La fameuse lettre contre l'*Opportunité* de la question sur l'infaillibilité n'a été qu'une suite d'arguments contre cette croyance, et les invectives dirigées contre M. Louis Veuillot en sont la preuve. Très-nombreux sont les passages de ses livres et de ses discours dans lesquels il se montre libéral et gallican, et les journaux catholiques du temps n'ont pas manqué de le combattre. Ses amis Montalembert, Broglie, de Fallou ont attesté ses idées libérales, et Mgr Dupanloup n'a jamais réclamé. Mais aujourd'hui les temps sont changés. Il est constant pour nous que ce prélat n'est plus gallican, il n'a plus écrit d'autres livres dans le sens libéral, partant ce n'était pas le temps de l'attaquer. D'autre part, ce qu'il a fait et dit en faveur de l'Eglise et du Pape, contre la maçonnerie, les universités de l'Etat, et les excès de la révolution, bien plus encore, son discours pour la liberté d'enseignement, méritaient beaucoup d'égards. En France, les catholiques libéraux sont encore nombreux ; beaucoup d'entre eux sont les amis de l'évêque d'Orléans, et ce livre pouvait faire naître quelque funeste discorde.

Nous ferons remarquer à la *Sicilia* que c'est précisément, dans un discours en faveur de la liberté d'enseignement, que Mgr Dupanloup a de nouveau arboré le catholicisme libéral, le 3 décembre 1874, et qu'il s'est prévalu, à cet effet, de l'approbation du Saint-Père (1).

La position de M. Pelletier est actuellement difficile. Que dira-t-il? Se rétractera-t-il? Mais comment pourra-t-il dire que l'évêque d'Orléans n'a été ni gallican, ni libéral? Autant vaudrait nier une vérité connue et parfaitement évidente. Dira-t-il qu'il n'a pas bien fait d'en parler? Le mal serait moindre, mais il ne nierait pas ce qu'il a déjà dit. Laissera-t-il la question s'assoupir? ce serait plus facile, mais ses adversaires ne s'en contentent point. De toute manière, ne pas croire *libérales* certaines idées politiques de Mgr d'Orléans, c'est du même coup se montrer libéral et d'accord avec lui, ou bien avouer qu'on ne l'a pas compris. Le plus sûr est de ne plus songer au passé, d'exalter les grands services rendus à l'Eglise, son talent et sa doctrine et supposer qu'il n'a plus les idées d'autrefois. Il reste toujours à sa louange d'avoir défendu, par un livre devenu classique, le pouvoir temporel du Pape; et, bien qu'il ne se soit pas montré hostile à l'unité italienne, il a toujours exclu de cette unité le principat civil des Papes, et il a stigmatisé la persécution anticatholique et impie du gouvernement des Cavour, Lanza et Minghetti.

Quant à la France maintenant, quoique en vertu de ses principes il ne soit pas légitimiste, et qu'il n'ait jamais parlé dans l'Assemblée en faveur de la monarchie chrétienne, nous pouvons dire simplement qu'il a combattu avec fermeté et courage les violences de la révolution, qu'il a soutenu les vrais principes religieux, et qu'il a cherché à abattre les œuvres de la maçonnerie et de l'impiété présente.

M. Pelletier a écrit dernièrement une lettre à l'*Univers*, où il déclare qu'il n'est pas un calomniateur, comme on l'a dit, attendu qu'il prouve ce qu'il avance, avec les documents et les aveux mêmes de Mgr. Dupanloup, dans son livre de la *Pacification religieuse;* et qu'il n'a pas manqué de respect à son supérieur, puisqu'il n'a pas jugé ses actes d'é-

(1) *Monseigneur Dupanloup*, p. 68 et suiv.

vêque et ses lettres pastorales, mais seulemement ses écrits comme littérateur et publiciste, et ce qu'il a publié avant d'être évêque. Nous verrons comment finira cette pénible controverse.

Elle finirait admirablement si, à l'instar de Mgr Maret, de l'abbé Gratry, de M. Adolphe Dechamps, Mgr Dupanloup voulait bien expliquer, rectifier ou retirer ce qui, dans ses œuvres, semble être peu en harmonie avec l'enseignement catholique.

Rome, 11 mars, a publié l'article suivant :

Nous nous étions abstenus prudemment de parler d'un incident qui préoccupe la presse en France, parce que nous pensions que la presse en Italie garderait le silence. Il s'agit de la brochure dans laquelle, Mgr Victor Pelletier, chanoine de la cathédrale d'Orléans, a cru pouvoir user de son droit de théologien pour juger les écrits purement politiques de Mgr Dupanloup, sans toucher en quoi ce soit au caractère épiscopal du prélat qui, lui, a toujours eu, croyons-nous, l'excellent esprit de séparer de sa personnalité sacrée sa vie de luttes comme député, comme polémiste, comme académicien. Il est maintenant sénateur.

Mgr Pelletier a porté sa cause devant le Saint-Siége, et c'est pour cela que l'on est mal venu, ce nous semble, à prendre les devants.

Quelques-uns se contentent, il est vrai, de soulever la question d'opportunité. Qu'est-ce que l'opportunité? On a voulu s'en servir, en 1870, contre le Concile, et le Concile a passé outre. Il ne faut point toucher à cela. Mais d'autres se jettent avec violence sur Mgr Pelletier. Un journal florentin, que par esprit de fraternité et de charité nous ne nommons pas, accable ce bon chanoine d'injures et le damne d'avance, peut-être sans l'avoir lu (1).

Or, l'essentiel est de savoir si le chanoine a manqué, non pas au respect dû à l'évêque, puisque l'évêque n'est point attaqué, mais à la vérité et à la saine doctrine, qui peuvent être défendues et proclamées en tout temps et en tout lieu.

Nous ne disons pas que le Saint-Siége s'affligera ou ne s'affligera pas de cet incident; nous n'en savons rien, mais nul plus que lui n'a le respect de la vraie liberté.

Comme fidèles, soumis absolument à ses décisions, nous avons tous le droit de recourir à lui contre qui que ce soit au monde, surtout contre les puissants. Quant à lui, il est juge, et il a le devoir de nous condamner ou de nous absoudre. Il y a donc témérité à se prononcer. Il faut attendre. Ce que fera le Saint-Siége sera bien fait.

Cet article a été reproduit par l'*Univers*, n° du 15 mars 1876.

Nous terminons par l'*Osservatore cattolico* de Milan. Cette excellente feuille, n° du 1er mars, après avoir rapporté tout au long le premier article de l'*Unità cattolica*, s'exprime ainsi :

Ces paroles sont très-graves en elles-mêmes, et principalement à cause de la conscience attentive et de l'honorabilité du journal qui les publie. Mais sont-elles également vraies? Il nous semble à nous que la vérité est altérée; l'illustre prélat français, qui sait ce qu'il a écrit sur certains sujets, ne demanderait certainement pas d'être loué et de plus flatté, en ce qui touche le point sur lequel il rencontre tant d'adversaires, et ce que lui-même doit considérer comme inadmissible ou au moins comme n'étant pas prouvé. L'auteur de l'œuvre blâmée ne peut en

(1) D'après l'*Osservatore cattolico* ce journal est l'*Armonia*.

vérité être confondu avec les libellistes; l'œuvre elle-même ne doit pas s'appeler un libelle, un pamphlet. Ici nous fondons en toute confiance nos appréciations sur ce qu'écrit dans l'*Univers* M. Veuillot, publiciste catholique, qui a sa place parmi les plus élevés et les plus sages. Voici ses propres termes....

« Dira-t-on que le chanoine Pelletier a manqué au respect dû à son évêque, lorsqu'il l'étudie ainsi sans passion aucune comme homme public, dans ses œuvres d'écrivain, de député, d'une date antérieure à celle de son épiscopat ? Il ne peut être ici question d'*indiscipline*. Nous comprenons d'autre part qu'il y ait eu à Orléans des protestations, mais nous ne voyons pas pourquoi ces protestations trouveraient de l'écho en Italie. Les mérites et le talent de l'illustre prélat sont connus et admirés, mais l'énergie d'Alexandre VI, qui a travaillé puissamment à l'unité de ses États, ne suffit pas pour excuser ce Pape, d'un génie trauscendant, des fautes dans lesquelles il est tombé; ceci soit dit à titre de simple comparaison. Et, sans défendre le livre de Mgr Pelletier plus que ne nous permet de le faire l'appréciation de l'*Univers*, nous pouvons signaler le péril auquel s'exposent ceux qui présentent les hommes illustres comme dignes de louange, même en ce qu'ils ont de répréhensible, avec danger pour autrui de les suivre en ce qu'il faudrait éviter. »

N° du 3 mars.

La question relative à l'ouvrage de *Monseigneur Dupanloup* a été déférée au Saint-Siége, nous n'avons plus rien à dire à ce sujet.

Nous nous en rapportons à l'*Unità cattolica*, qui dit avoir parlé de Mgr Dupanloup, comme elle l'a fait, dans un sentiment de justice, de de reconnaissance, de religion : car ce ne serait pas connaître le mérite de cet excellent journal que de ne pas ajouter foi à de telles déclarations, en faveur desquelles plaide une longue et glorieuse carrière de lutte pour le bien et pour l'Eglise.

Ce n'est pas le cas pourtant de faire appel à la concorde, ni de déférer Mgr Dupanloup à des juges spéciaux; mais c'est le cas de ne pas imprimer en l'honneur de Mgr Dupanloup ce qui suit : « Nous serions « heureux s'il n'y avait pas d'autre libéralisme que celui de Mgr Dupan- « loup. » Ni le libéralisme de Mgr Dupanloup, ni un autre, quel qu'en soit le degré. Nous trouvons qu'on fomente précisément des divisions dans l'Eglise, en voulant excuser même le mal chez les hommes de haut rang. Quelle que soit la décision que le Saint-Siége porte dans le cas spécial de Mgr Pelletier, quant à son acte, quant à son livre; quelleque soit la mesure prise par Mgr Guibert, il n'en sera pas moins établi que Mgr Dupanloup a rendu le libéralisme acceptable à un nombre immense de catholiques, en le revêtant de formes séduisantes, et qu'il a présidé à la catastrophe française actuelle; nous n'interrogeons pas les intentions, lorsque nous possédons tant de faits éloquents et publics.

Du reste, l'*Unità cattolica* croit-elle que ce soit une bonne pensée de louer sans condition un homme, avec péril très-évident de tromper les catholiques, quant au point sur lequel cet homme n'est pas digne de louange? Ici nous voulons la charité, l'union, le respect; le respect dû au public catholique et à la vérité catholique.

Dans son n° du 5 mars, après avoir reproduit l'extrait de ma lettre du 28 février aux *Annales*, l'*Osservatore cattolico* ajoute:

C'est ainsi qu'écrit le chanoine Pelletier, avec modération et conviction.

Le *Figaro*, journal des petits billets, s'est déchaîné avec les *Annales religieuses* contre l'*Univers* et contre Mgr Pelletier; le *Figaro* montre contre l'*Univers* une insolence égale à celle que G. déployait dans l'*Ancora* contre ceux qui recueillent des protestations contre Minghetti. Le *Diritto cattolico* trouve le chanoine Pelletier blâmable, en ce que son livre ne lui semble pas opportun. Quoique le *Diritto* s'exprime en termes convenables, est-ce qu'il ne serait pas désirable qu'on n'aggravât point la position du chanoine d'Orléans, du moment qu'il a déféré son livre au Saint-Siége? »

N° du 7 mars :

Nous avons sur notre table le livre de Mgr Pelletier, touchant les doctrines de l'évêque d'Orléans, Mgr Dupanloup. Mgr Pelletier a écrit d'autres ouvrages qui ont été bien accueillis et loués par le Saint-Siége, et son dernier travail est digne de son talent. Nous continuons à étudier les incidents auxquels ce travail a donné lieu, sous le double aspect déjà indiqué; le côté qui touche Mgr Pelletier, savoir a-t-il agi prudemment par sa publication, bien qu'elle ne s'écarte ni de la sagesse, ni de la modération, ni du respect? le côté qui touche Mgr Dupanloup et ses doctrines. Sous le premier rapport, le Saint-Siége jugera, s'il le croit convenable; l'*Ancora* a déjà fulminé la sentence, elle ne voit que des objections à faire. Si le Saint-Siége confirmait le jugement sévère de l'éminentissime cardinal Guibert, nous aurions toujours le droit d'apprécier les écrits de Mgr Dupanloup. Cette distinction n'est pas claire pour l'*Ancora*, qui déclare que, pour son compte, elle ne distingue pas en Mgr Dupanloup entre l'évêque et l'homme politique, comme elle ne distinguerait pas entre Pie IX et Jean Mastaï. Cette comparaison hardie fait comprendre que l'*Ancora*, tout en devançant le jugement du Saint-Siége au regard de Mgr Pelletier, voudrait établir qu'il n'est pas permis d'étudier les doctrines publiquement professées par Mgr Dupanloup. Si telle est la conséquence que l'*Ancora* fait dériver de sa comparaison, nous n'hésitons pas à dire qu'elle se trompe grossièrement.

Quant au livre en lui-même, nous ne pouvons que confirmer ce que nous avons écrit en suivant les traces de l'*Univers*. Le chanoine Pelletier a fourni à Mgr Dupanloup la plus belle occasion de revenir sur son passé, et d'effacer ce qui s'y trouve d'inacceptable, afin que brillent seulement le bien et le vrai. Tous les catholiques n'ont pas d'autre désir, et c'est pour cela que nous écrivons sur ce sujet.

N° du 9 mars :

Les adversaires de Mgr Pelletier trouvent un grand appui dans l'*Armonia* de Florence; ils devraient comprendre quels sont les termes de la question, et comment il faut l'envisager. Nous rapportons les paroles de l'*Armonia*, qui, après avoir refusé de se soumettre à la décision du Souverain Pontife touchant les élections politiques, affecte pharisaïquement de se scandaliser de Mgr Pelletier, qui a passé en revue les œuvres de Mgr Dupanloup. Que l'*Armonia* cherche la poutre qui est dans son œil, et non la paille dans l'œil de Mgr. Pelletier; du reste, l'*Armonia* ne peut être susceptible de scandale, et le livre de Mgr Pelletier ne nous paraît pas non plus susceptible de scandaliser. L'*Armonia* s'exprime ainsi en commentant la lettre adressée aux *Annales religieuses* par Mgr Pelletier...

L'*Osservatore cattolico* reproduit l'article de l'*Armonia* et celui de l'*Osservatore romano*, insérés ci-dessus. Il ajoute :

Que l'*Armonia* ait dicté les paroles ci-dessus, nous n'en sommes pas surpris, c'est dans son caractère. Nous nous souvenons que, dans les comptes rendus du Congrès catholique de Florence, l'*Armonia* a été le seul journal qui n'ait rien dit du discours lu par le représentant de l'*Osservatore cattolico;* mais que l'*Osservatore romano* risque de pareils jugements, cela est vraiment douloureux.

Nous avons lu intégralement le livre de Mgr Pelletier ; nous ne nions pas qu'il y ait çà et là quelque phrase, qu'on pourrait qualifier de personnelle, mais de toute manière la structure de ce livre est formidable, et les textes de l'évêque d'Orléans ne sont nullement violentés. Nous répétons que Mgr Pelletier pourrait encourir un blâme du Saint-Siége, que celui-ci juge; mais un blâme sur la convenance d'une pareille publication, un blâme atteignant la personne de l'auteur, ne peut empêcher Mgr Dupanloup d'être ce qu'il est.

Le *Figaro* deParis et l'*Armonia* de Florence sont en bonne compagnie; mais l'*Ancora* et *l'Osservatore romano* devraient lire avant tout les ouvrages qu'ils prétendent juger, et ne pas fulminer des sentences contre un homme qui, comme Mgr Pelletier, s'est soumis au Saint-Siége, et est prêt à se déclarer coupable, si le Saint-Siége le juge tel. Nous en appellons à toute personne sage, quant à la manière dont nous exposons la question.

N° du 10 mars:

La divergence entre certains journaux catholiques, que nous signale la personne distinguée qui nous envoie de Rome la lettre suivante, provient d'une équivoque pour quelques-uns de ces journaux, et d'une illusion pour les autres. Nous sommes unanimes à reconnaître les mérites de l'illustre prélat français, mais nous ne le sommes pas quand il s'agit d'apprécier les moyens et les idées qui ont été ses auxiliaires durant sa splendide carrière, et en outre, tandis qu'il nous semble qu'on doit envisager les hommes dans leur ensemble, il y en a qui ne veulent s'attacher qu'à un côté ; voilà en quoi nous ne sommes pas d'accord. Quant à Mgr Pelletier, il nous paraît convenable de le laisser au jugement de ceux à qui il a fait appel, lesquels pourraient trouver convenable de formuler un blâme, ce qui ne nous regarde point. Voici la lettre annoncée :

. . . .

« Egalement, sur l'affaire de Dupanloup-Pelletier, il y a divergence d'opinion entre l'*Unità* et l'*Ancora* d'une part, et vous d'autre part en Italie ; de plus entre l'*Univers* et l'*Union* d'une part, le *Français*, la *Gazette de France* et le *Figaro* de l'autre.

« Le chanoine s'excuse en disant qu'il n'a fait que recueillir des documents déjà publiés et notoires, en laissant le jugement aux lecteurs. Ceci n'est vrai qu'en partie, car, le jugement futur du lecteur, il le fait précéder du sien, qui est bien sévère. Et encore la simple publication de ces documents, en grande partie désavoués, il était bon de l'écarter. Quel est l'auteur un peu abondant qui n'ait pas à regretter quelqu'un de ses écrits, ou du moins un passage de l'un d'eux ? Est-ce une chose juste de parler de certaines pages de la *Pacification religieuse*, des fâcheuses *Observations* sur l'infaillibilité, de telle lettre déplorable, et de ne pas se souvenir d'une longue lutte en faveur de l'éducation chrétienne, de la liberté de l'Eglise, et contre la politique perfide de Napoléon et de Cavour ? Quelques-uns croient que Mgr Dupanloup est, un des premiers, cause de l'échec de la monarchie ; il est difficile de savoir le vrai. Certainement le prélat était pour la fusion, mais, même sur la fusion, il est assez difficile de juger. Voulait-on vraiment Henri comme principe, ou Henri comme ouvrant la porte aux d'Orléans ? Une chose que nous croyons et qu'acceptera celui qui aime l'Eglise, c'est que le livre du chanoine Pelletier a été tout à fait inopportun. Le chanoine voyait en quel état est la France, comment sont composés le Sénat et la Chambre, comment la liberté de l'enseignement est de nouveau mise en question, et si elle vient à être discutée au sein d'une telle Chambre, il est dès à présent facile de discerner l'issue ; il voyait la terrible guerre faite à l'Eglise, à toute l'Eglise, et de partout. Pourquoi nous joindre à nos ennemis ?

Sans doute, le moderne catholicisme libéral contre lequel très-justement le Saint Père a élevé la voix, si souvent et si fortement, est un terrible mal pour l'Eglise ; mais si Mgr d'Orléans, avec son puissant talent, avec sa souveraine autorité, se détachait de ce parti pour venir entièrement à nous, comme il fait signe de vouloir en agir ainsi en acceptant l'infaillibilité et la liturgie romaine, et lorsqu'il a écrit contre les usurpations du gouvernement italien, et contre les francs-maçons, quand il a éventé en pleine Assemblée, et quelle Assemblée ! les calomnies dirigées contre le *Syllabus*, pourquoi ne saluerions-nous pas avec joie l'arrivée parmi nous d'un homme si puissant et si valeureux !

Néanmoins personne ne vous oblige à souscrire aux paroles de l'*Unità* et de l'*Ancora* ; que chacun suive son chemin, et vous, restez dans le vôtre qui est le bon, quoique semé d'aspérités et exposé aux attaques les plus vives et les plus diverses.

Evidemment le correspondant de l'*Osservatore cattolico* n'a pas mûrement pesé toutes ses idées, toutes ses expressions. On dirait même qu'il n'a pas lu mon livre. La conclusion, toutefois, est meilleure que les prémisses. Ces prémisses, comme tant d'autres allégations, plus ou moins inconsidérées, auront leur réponse au cours de cet écrit.

Dans le même numéro, l'*Osservatore cattolico* donne en tête un article des plus remarquables intitulé : *A l'école des faits*. Cet article cadre parfaitement avec nos idées, et fait d'ailleurs compensation à l'excessive indulgence de la lettre romaine.

Enfin, dans son n° du 14 mars, l'*Osservatore cattolico* reproduit l'article publié par *Rome*, et il ajoute ce qui suit :

Le journal que *Rome* ne nomme pas est l'*Armonia* de Florence, dont nous avons rapporté les paroles étranges. Mais à l'*Armonia* de Florence nous pouvons joindre une autre autorité, c'est celle du correspondant de la *Gazzetta d'Italia*, laquelle, dans ses prétendues *Chroniques Vaticanes*, insultait bassement ces jours-ci le cardinal Ledokowski, et insulte aujourd'hui le Saint-Siége, parce qu'il n'a pas créé cardinal Mgr Dupanloup.

L'*Armonia*, la *Gazzetta d'Italia*, le *Figaro*, voilà un trio plein d'autorité et de savoir, de l'opposition duquel Mgr Pelletier peut être fier. Voici quelques-unes des paroles de la *Gazzetta d'Italia* :

« Il est vrai que le Dupanloup de 1876 n'est plus celui de 1870, lequel avec l'incroyable légèreté française a renié dernièrement les principes qu'il soutenait devant le concile, et s'est repenti de ses regrets manifestés alors ; mais néanmoins c'est un homme de très-grand talent, le premier orateur sacré de France, le fléau de ces énergumènes qui reconnaissent pour chef le Veuillot, et qui se considèrent comme les gendarmes du Très-Haut, inférieurs simplement au Pape qu'ils ont divinisé et déclaré supérieur à toute l'Eglise ; chargés de sabrer et de bâtonner au nom de Dieu, et de mettre les menottes pour l'éternité à la liberté et au libre arbitre. L'évêque d'Orléans a plusieurs fois démasqué et couvert de honte ces prétoriens de l'Eglise, inconnus sous cette forme aux âges passés, et qui sont une invention et une gloire exclusive de la France contemporaine... A l'opposé de ce qui a coutume d'arriver en cas semblables, l'arbitraire, l'insulte, le mensonge et le tort proviennent du chanoine Pelletier, et c'est l'évêque qui en est la victime... »

Cela suffit pour révéler la nature de la controverse. Que celui qui a des yeux veuille bien s'en servir!

N° du 10 avril :

Il convient d'avoir les yeux ouverts, les clérico-libéraux sont les vrais pharisiens des temps actuels. Nous en avons un exemple dans le *Français*. Nous ne concevons pas comment ce journal peut s'attacher si obstinément à de misérables sophismes pour défendre ses propres idées, comme il faisait aux beaux temps du Concile, et plus tard sous le ministère du duc de Broglie ; il n'a autour de lui que des ruines. En religion, il a perdu toutes ses batailles soit contre l'opportunité, soit contre la droite interprétation du *Syllabus*. En politique, au bout de quelques mois, on est entré dans une période de dissolution, due en grande partie aux fâcheuses influences d'une conduite hybride et immorale, qui a eu pour résultat de repousser Henri V, d'avilir l'ancienne assemblée et de mettre Gambetta sur le pavois.

Par ailleurs, le *Français* se conserve frais, et comme une vieille qui se teint les cheveux, elle fait disparaître ses rides et elle se présente au public avec l'ingénuité d'une jeune fille qui en est à son printemps. Dans une correspondance de Rome, le *Français* reproduit les paroles de l'*Unità cattolica* du 2 mars, au sujet du livre de Mgr Pelletier, intitulé *Monseigneur Dupanloup*, et il en vient à examiner ce que le nom de *clérico-libéral* a d'odieux ; il se sert, à cet effet, des termes adoptés par le baron d'Ondes-Reggio au congrès de Florence, expliquant le bref du Saint-Père audit congrès. Mais quelle fin se propose le *Français* en relevant comme odieux le nom de *catholique libéral*? Il a évidemment pour but d'aggraver la position de Mgr Pelletier, et de le présenter comme calomniateur de son évêque Mgr Dupanloup.

Il y a une habileté qui ne sait point se cacher autant qu'il faut pour ne pas laisser percer des motifs malveillants. N'eût-il pas été de la part du *Français* plus honorable et plus convaincant de réfuter l'ouvrage de Mgr Pelletier? Mgr Pelletier a recueilli et mis en ordre des faits prouvés et notoires, il a cité paroles et écrits, il a donné les preuves de chacune de ses assertions, et il s'est abstenu d'en déduire des conséquences personnelles. Ce qu'a été Mgr Dupanloup dans son existence publique, M. Pelletier laisse aux faits le soin de le proclamer. De ce que le nom de catholique libéral soit odieux, de ce qu'il révèle une contradiction, on ne peut pas imputer à Mgr Pelletier la faute de l'avoir mal appliqué. Du reste le *Français* fait une confusion dont les clérico-libéraux sont coutumiers, ils se servent d'armes offensives à défaut de raisons pour se défendre. Nous nous souvenons que les jansénistes français se servaient des mêmes armes.

Une autre fois, que le *Français* songe à une réfutation sérieuse, si elle est possible ; et qu'il comprenne que, si le nom de clérico-libéral est odieux, il y a une manière de ne pas l'encourir, c'est d'être franchement catholique en œuvres et en paroles. Le livre de Mgr Pelletier a été écrit après la loi de la liberté d'enseignement, et il est destiné à éclaircir les causes pour lesquelles le radicalisme français entend frapper cette loi au cœur, et à démontrer que sur le sable du catholicisme libéral on ne peut rien édifier de solide.

Puisque nous avons dû revenir sur ce sujet, qu'il nous soit permis d'exprimer de vifs regrets pour la façon peu convenable, dont un de nos confrères de Bologne a parlé de blâme infligé par Rome à Mgr Pelletier, et ensuite il n'a pas eu la franchise de démentir la nouvelle donnée. Jusqu'à cette heure, rien ne s'est produit en fait de blâme contre Mgr Pelletier; si quelque chose a lieu, nous en parlerons. »

A la date du 15 mars, Sa Sainteté Pie IX daignait accorder aux rédacteurs de l'*Osservatore cattolico* des félicitations pour « le zèle persévérant avec lequel ils défendent depuis longtemps déjà les droits du Saint-Siège. » L'*Univers* fait remarquer que « les paroles du chef infaillible de l'Eglise honorent les journaux catholiques de toute l'Italie et du monde entier ; mais qu'elles ont ici une signification particulière, car elles s'adressent à un organe qui n'a cessé de diriger tous ses efforts contre le catholicisme libéral, sous quelque forme qu'il se présente, et quels que soient les personnages imbus de cette erreur (1). »

XI

Le lecteur se doute bien que notre opuscule nous a valu force compliments, bons et mauvais. Pendant vingt jours consécutifs, sans parler des autres, la poste a versé sur notre bureau un contingent respectable. Le dépouillement de ces dépêches n'a point été sans intérêt, et nous pouvons ici donner l'assurance à nos correspondants officieux que nous conserverons soigneusement leurs lettres, billets et cartes de visite. Toutes les missives n'ont pas le même caractère; les unes contiennent des invectives, les autres des félicitations ; les premières sont rarement signées ; les secondes, toujours. Les dames orléanaises se sont presque exclusivement chargées des rôles indignés; les figures de rhétorique les plus vives leur sont familières, l'exclamation, l'apostrophe. Ceci donne une idée de la dominante aiguë qui résonnait dans les salons d'Orléans. Le *Français* et le *Figaro* étaient délaissés! Que voulez-vous! ma chère, disaient les plus graves, c'est du veuillotisme tout pur! On se croyait, en 1870, au temps du concile. Seulement alors on triomphait avec les brochures Gratry et autres, tandis que, avec la brochure Pelletier, on nourrissait l'irritation et la colère.

Une de ces bonnes dames prit néanmoins un tour plus pacifique; elle fit passer sa pensée sous la plume d'un charmant petit garçon, dont la lettre nous a été fidèlement remise par la poste de la banlieue. La forme, dès ce moment, ne pouvait pas être bien terrible.

(1) Voir la lettre apostolique dans l'*Univers* du 10 avril 1876

D'abord écriture et orthographe irréprochables, bon point pour l'enfant et pour l'excellente mère, qui est aussi l'institutrice. Ensuite Bébé nous disait que Mgr Dupanloup est son parrain, et qu'il ne veut pas qu'on fasse de la peine à son parrain ; rien n'est plus juste de la part d'un filleul. Il ajoutait qu'il apprend son catéchisme, et que le catéchisme dit qu'il ne faut faire de mal à personne ; c'est parfaitement vrai. Il avoue enfin qu'il n'était guère disposé à prier le bon Dieu pour moi, mais que son parrain lui a dit de prier pour ceux qui lui faisaient du mal. Impossible de résister à tant de grâce ; nous nous sommes empressé de répondre à Bébé ; voici la lettre :

Orléans, le 15 février 1876. — Mon cher enfant, vous m'avez écrit une belle lettre et je vous en remercie. Continuez d'aimer votre parrain et d'étudier votre catéchisme. Quant vous serez grand, vous reconnaîtrez qu'il faut aimer la vérité, l'Eglise et le Pape plus que votre parrain. Je prierai le bon Dieu pour vous, priez-le aussi pour moi. Je vous embrasse affectueusement.

Quant aux lettres de sympathie, elles portent parfois un accent tel qu'il ne nous est pas possible de les insérer textuellement. Nous nous permettrons donc des omissions et même des retouches dans le sens de la modération. A cela près, nous engageons notre parole d'honneur touchant l'exactitude des citations. Bien entendu, nous n'apportons ici qu'un choix, en suivant l'ordre des dates.

28 février. — Enfin, il y a donc un peu de bruit dans votre Landerneau !... Je ne viens ni vous adresser des doléances, ni chercher à vous réconforter. Lorsqu'un homme sérieux et grave comme vous fait un acte comme celui dont il s'agit, il ne le fait par aucun des petits motifs qu'on n'aura pas manqué de vous prêter, il le fait parce qu'il est convaincu que, dans la circonstance, c'est pour lui un devoir. C'est ce que je me suis dit après avoir lu votre écrit, c'est ce que je persiste à penser, même après les désapprobations... Maintenant qu'on signe protestations et adresses, qu'est-ce que cela prouve ? Uniquement que Landerneau est en Egypte... Vous avez porté l'affaire à Rome ; sans doute la justice et la liberté sont là-bas autre chose que de vains mots...

Mars. — Après lecture de l'*Episode* 1845-1875, connaissance acquise des agissements pacifiques de la modération libérale à votre endroit.... je ne puis résister plus longtemps au désir de vous remercier et d'applaudir à votre mâle courage. A la veille de voir tant d'âmes ingénues (et même plusieurs bien chrétiennes) périr à force de boire le fiel de l'erreur la plus subtile et partant la plus dangereuse, n'est-ce pas honnêteté et charité parfaite que de crier gare, n'étant en cela que l'écho de la Parole paternelle, qui déjà a eu fréquente occasion d'avertir, et qui ne manquera pas de parler fortement au quart d'heure de son opportunité.

1er mars. — J'ai déjà lu, et depuis les graves incidents survenus ces jours derniers, j'ai relu votre opuscule dans le sentiment d'une bien pénible curiosité, celle d'y trouver au moins la justification du jugement qui vient d'être porté par une autorité, qui est à mes yeux le type de la douceur et de la justice, et franchement je n'y trouve rien de ce qui a pu motiver le mot de *scandale* que l'on jette à votre esprit si sacerdotal et si catholique...

Le fait est que votre travail est tout ce que l'on peut imaginer de plus bénignement critique, puisque vous ne faites que citer des choses dites, écrites, publiées et authentiquement officielles... Quand le temps aura permis de réfléchir sur un fait de cette importance, je crois que l'on reviendra à de meilleures pensées... En pareil cas, je ne suis pas homme à justifier et pas même à recommander personne, mais j'affirme que vous ne m'avez rien appris, et que moi-même, depuis bien des années, je recueillais des matériaux sur le même sujet; aussi suis-je étonné qu'un *totum* de ce genre se soit fait attendre si longtemps... Je ne vous en aime donc que de mieux en mieux...

4 mars (1). — Cher et digne chanoine, ce n'est pas seulement à un fort adversaire, comme vous me le dites, que vous avez affaire ; c'est à un rude adversaire. La lettre que vous avez reçue de Paris m'a paru, je l'avoue, un peu violente... Je suis convaincu que, à Rome, quel que soit la décision que l'on croira devoir prendre, on adoptera un langage différent... je ne crois pas que votre publication soit un scandale ; je suis même convaincu qu'elle aurait eu de grands avantages, si, au lieu de lui donner, soit dans le titre, soit dans les développements, un caractère tout à fait personnel, vous vous étiez principalement attaché à exposer l'histoire de l'erreur, disons même le mot, de la secte libérale, son origine, ses défenseurs, ses progrès, etc. Il ne faut pas se dissimuler que nous sommes en face d'une secte aussi subtile et aussi dangereuse que le jansénisme, et qu'il est nécessaire de la démasquer pour prémunir la jeunesse trop facile à séduire.

Très-certainement, si votre livre avait eu ce caractère de polémique générale, il n'eût pas soulevé autant de contradictions. J'aime à croire que, à Rome, on s'attachera plus au fond qu'à la forme ; le jugement sera aussi plus dégagé et plus impartial.

16 mars. — Si, ce que Dieu me préserve de croire, Monseigneur, vous aviez failli, je m'écrierais avec bien des personnes sages *felix culpa !* Votre brochure me paraît aussi opportune que le fut, en 1869, la publication de la terrible lettre écrite par le Pape à Mgr Darboy en 1865... J'espère que Pie IX, qui ne craint pas et ne fait acception de personne, vous rendra justice.

16 mars. — Vous le dites très-bien, vous ne voulez pas faire la vie ni l'histoire de Mgr Dupanloup, mais seulement vous avez voulu montrer l'homme d'une *idée*. Auriez-vous oublié, ou n'auriez-vous pas voulu rappeler ce que le *Journal de Florence* nous a appris ? Je veux dire que les lettres de Mgr Dupanloup sur le Concile ont été réimprimées par millions et distribuées de par l'autorité russe dans tout l'empire...

17 mars. — Nous savons plusieurs évêques, et des meilleurs, très-heureux de votre courage ; ils vous trouvent seulement un peu doux. Il aurait fallu, disent-ils, deux ou trois pages très-fermes sur le mal fait; certains écrits ont faussé tant de cœurs et tant d'esprits, et faussé si absolument qu'un ange, qui descendrait du ciel pour les éclairer, ne les éclairerait point.

17 mars. — Vous êtes attaqué, je viens à vous. La lettre de Mgr de Paris me surprit et m'affligea ; celle de l'évêque d'Orléans me parut extraordinaire... Je ne peux comprendre le bruit qui se fait contre votre livre. Tout y est calme, net, respectueux ; les citations sont complètes ; le lecteur peut juger, pièces en mains... Ce que fera le Saint-Siége sera bien fait. Selon mes faibles lumières, je crois que vous avez rendu un grand service à l'Eglise et à l'évêque d'Orléans.

17 mars (2). — Mon opinion sur la brochure ; je l'ai lue et relue attentivement ; j'en ai été très-satisfait, et voici mes motifs :

(1) Cette lettre vient d'un évêque.
(2) Cette lettre a été adressée à un ami commun.

1° Toutes les idées en sont d'une justesse parfaite. M. le chanoine fait admirablement embrasser cette longue vie de polémique et de politique, qui est remarquable surtout par l'unité persistante d'une idée fausse. C'est très-nettement et très-justement le Dupanloup de l'histoire.

2° On ne peut reprocher à l'auteur d'avoir, en quoi que ce soit, attaqué l'évêque comme tel. Donc, le mot *chute*, le mot *scandale* et autres employés, soit par le chapitre, soit par l'archevêque de Paris, sont tout à fait injustes. Ni le camail de chanoine, ni la soutane violette de l'évêque ne sont un obstacle à ce que le premier juge les actes extra-épiscopaux du second. Mgr Dupanloup descend dans l'arène de journaliste, de publiciste, de député, et, s'il reçoit un horion, il se met à crier anathème! et les amis ne parlent de rien moins que de *lyncher* l'audacieux! mais si vous vous mêlez à la lutte, ce n'est pas pour y être *tabou* comme chez les sauvages.

3° Je trouve que la délibération du chapitre, surtout publiée dans les *Annales*, excède de beaucoup le droit capitulaire; les termes en sont d'une violence qui rappelle le *tantum ne animis cœlestibus iræ* (1).

4° J'en dirais autant et à plus forte raison de...

5° Quant à la forme de la brochure, il n'y a rien de bien grave à lui reprocher. On sent l'ironie, l'indignation contenue par ci par là; mais le respect n'est blessé nulle part.

6° Les démarches des ecclésiastiques, surtout celles des laïques, plus encore celles des femmes, ces adresses, protestations, signatures, etc., sont malséantes, anticanoniques, contraires au respect dû et à l'évêque et au prêtre. Pour l'évêque, c'est lui prêter un appui dont sa dignité ne doit savoir que faire; le prêtre et son caractère sont blessés en la personne de Mgr Pelletier.

Conclusion : laissez passer le flot libéral, attendant que, la passion ayant jeté son écume, on voie reparaître à sa place le roc immobile du bon sens et de la foi.

2 avril. — Je viens d'achever la lecture de votre ouvrage, et je ne résiste pas au besoin de vous remercier pour le plaisir que cette lecture m'a procuré et le bien qu'elle m'a fait. Quoi qu'en puissent penser les hommes qui subissent l'influence du temps ou qui manquent d'énergie, votre livre n'en est pas moins une œuvre dont se réjouiront toutes les âmes vraiment catholiques, une œuvre d'intelligence, de foi et de courage. L'avenir l'appréciera mieux que le présent; toutefois il arrive à son heure; plus tard on vous eût reproché d'attaquer les morts et de faire la guerre à ceux qui ne peuvent plus se défendre.

16 avril. — La brochure est un terrible réquisitoire, en ce sens que là se trouvent rassemblés beaucoup de documents qui étaient dispersés, et qui, étant joints, s'éclairent et ne permettent pas de douter de la justesse des conclusions. Evidemment les doctrines flétries dans la brochure sont absolument condamnables. Et, bien que les doctrines catholiques libérales ne soient pas condamnées formellement comme hérétiques, il faut se souvenir que toute proposition *notée* par l'Eglise, c'est-à-dire à laquelle se trouve jointe une censure, la note *dangereuse*, par exemple, pour prendre une des plus faibles, cette proposition est déclarée par là même fausse, attendu qu'aucune vérité ne peut être dangereuse pour la foi. Aucun catholique ne peut donc refuser de condamner extérieurement et intérieurement des propositions ainsi condamnées; et comme l'infaillibilité ecclésiastique s'exerce dans toutes les condamnations de ce genre, il faut que les catholiques libéraux fassent

(1) Le correspondant ne connaît de la délibération capitulaire que ce qu'en disent les *Annales*.

leur deuil de leurs principes. Toute espérance de voir l'Eglise revenir sur une décision d'enseignement est une puérilité, attendu que cela ne se peut...

Vient maintenant la question d'auteur. L'auteur pouvait-il blâmer les doctrines et les actes de son supérieur ecclésiastique? En temps ordinaire, et pour les erreurs ordinaires et non encore connues, évidemment cette marche ne peut être approuvée; l'inférieur ne doit pas dénoncer son supérieur au public, mais au supérieur majeur. Que si l'erreur est d'une gravité exceptionnelle, qu'elle soit connue déjà et flétrie par les supérieurs majeurs, que ce soit un entêtement dans l'erreur, avec de graves dangers pour les âmes, si l'erreur n'est pas attaquée de toutes les façons possibles, alors la question change ; et en ce cas l'inférieur peut censurer des manœuvres dangereuses. Est-ce le cas actuel? Je n'ai pas les données suffisantes pour résoudre la question. Cela dépend d'une foule de circonstances qui peuvent m'être inconnues...

Quant à la protestation laïque, elle me paraît intolérable; car c'est une protestation évidemment doctrinale, étant données les circonstances de personnes et de lieux. Or, il ne peut être permis de blâmer en quoi que ce soit les doctrines catholiques soutenues par l'auteur, ni d'approuver en aucune façon les doctrines attaquées, qui certes ne sont pas catholiques... (1).

Je prie tous ceux qui ont bien voulu m'aider de leurs encouragements de recevoir ici l'expression de ma gratitude.

XII

Avant d'aborder le fond même de la question, nous devons écarter quelques obstacles. Pour discréditer notre étude, on n'a pas craint de la qualifier de tissu de calomnies. Examinons.

La calomnie, en pareille occurrence, peut avoir deux faces. Est calomniateur celui qui altère sciemment les textes, soit par addition, soit par soustraction, afin de les accommoder au gré de ses mauvaises intentions. Est aussi calomniateur celui qui, tout en citant exactement, enlève aux textes leur sens naturel au moyen d'interprétations mal fondées et malveillantes. Or, nous prétendons que nous ne sommes dans aucun des cas ci-dessus. Pour la calomnie du premier degré, l'injustice du reproche est tellement notoire, qu'il n'est pas nécessaire de s'y arrêter; nos citations sont exactes jusqu'au scrupule. Quant à la calomnie du second degré, l'injustice n'est pas moins certaine, mais nous voulons la faire toucher du doigt. Voici les passages de notre livre qui témoignent de toutes nos précautions.

Pages 4 et suivantes, nous mettons sous les yeux du lecteur des extraits de la *Pacification religieuse*, puis nous établissons la distinction capitale de la *thèse* et de l'*hypothèse*, et nous écrivons ceci :

Or, dans l'espèce, est-ce la thèse ou l'hypothèse que M. l'abbé Dupanloup embrassait dans les pages de la *Pacification religieuse?* A notre sens, et sauf meilleur avis, c'est la thèse. Qu'on relise attentivement les lignes

(1) Cette lettre est adressée à un ami commun.

ci-dessus, qu'on en pèse tous les termes. Si, çà et là, on en trouve quelques-uns qui, à la rigueur, pourraient cadrer avec l'hypothèse, l'ensemble démontre éloquemment que c'est bien à la thèse que vise et que souscrit le trop conciliant polémiste. Ne l'entendez-vous pas s'écrier.....
Sont-ce là simplement des arguments *ad hominem*, uniquement adoptés par ceux qui subissent l'hypothèse? Ne sont-ce pas des arguments *ab intrinseco*, comme dit l'école? Or, les arguments *ab intrinseco* n'appartiennent qu'aux adhérents à la thèse. Eu égard à la position respective des adversaires, M. l'abbé Dupanloup n'eût proféré que de vaines paroles, n'eût fait absolument rien dans l'intérêt de la cause, s'il se fût contenté de l'hypothèse. Ceci est de la dernière évidence; inutile d'insister.

Qu'y a-t-il donc d'irrégulier, de hardi, de blessant dans une pareille argumentation? Comment m'accuserait-on d'imposer au lecteur ma manière de voir, lorsque je mets en tête de mon interprétation ces mots : *à notre sens, et sauf meilleur avis?* lorsque j'expose minutieusement et froidement les motifs sur lesquels je crois pouvoir me fonder?

Autre exemple. Page 43, à propos du libelle l'*Univers jugé par lui-même*, après avoir déduit les raisons qui me font présumer la participation d'un homme haut placé, dans la crainte de dépasser les justes limites, j'ai soin d'ajouter :

Néanmoins, dans une œuvre à laquelle plusieurs ont travaillé, il ne faudrait pas faire peser sur un seul la responsabilité de tous les détails.

Quelques lignes plus loin, page 44, nous arrivons aux incidents relatifs à la statue de Pothier, et, après une citation tirée d'un ouvrage de Mgr de Ségur, j'écris :

Les annales contemporaines de l'Eglise d'Orléans nous fournissent un épisode qui pourrait, sous certains rapports et toutes réserves faites en faveur de la bonne foi des personnes, expliquer et justifier cette définition.

Notez les mots *toutes réserves faites en faveur de la bonne foi.*

Touchant la polémique soutenue par Mgr l'évêque d'Orléans en faveur du pouvoir temporel du Pape, et d'un passage relatif à *l'apostolat des institutions libres*, n'ai-je pas dit, page 52 :

Sans doute, et à prendre les choses à la lettre, le passeport délivré à l'apostolat des institutions libres pourrait être expliqué dans un sens moins inquiétant, mais, ici, il nous est impossible de ne pas rattacher ce langage aux convictions de l'auteur à l'endroit des maximes de 89, si formellement exprimées dans son livre de la *Pacification religieuse*, où, par institutions libres, il entend, etc.

Même observation pour la citation faite à la page 58.

Lorsque j'ai rencontré dans les œuvres de Mgr Dupanloup des passages en contradiction formelle avec le libéralisme, non-seulement je ne les ai point passés sous silence, mais je me suis plu à les répéter, témoin celui-ci :

Quant à ces formules périlleuses qui couvrent et laissent tout passer dans le monde, le bien et le mal, la vérité et l'erreur, la lumière et les ténèbres, le progrès et la décadence, nous n'en voulons pas (p. 66, 103, 108).

Page 81, dans l'embarras que nous éprouvons à fixer le sens d'un texte, nous ne manquons pas d'user d'un conditionnel, savoir : « Si toutefois nous saisissons bien la pensée du publiciste. »

Page 86, nous attribuons à une méprise involontaire, à l'inadvertance, une citation inexacte.

Page 98, je me plais à supposer que l'ouvrage sur le Concile, annoncé par le prélat, donnera toute satisfaction aux consciences catholiques.

Page 103, après avoir dépeint la situation des esprits à Orléans, nous terminons de manière à faire voir que nous ne repoussons pas les contradictions raisonnables :

Tel est, du moins, le résumé de nos observations personnelles ; nous ne demandons pas mieux que de recevoir un démenti.

Page 134, nous mettons sur le compte d'un *oubli* l'omission de toute réclamation contre un article inqualifiable du *Journal du Loiret;* pouvais-je trouver un mot plus faible ?

Page 150, nous écrivons ceci :

Il est indubitable, néanmoins, que Mgr l'évêque d'Orléans apporte aujourd'hui beaucoup d'attention à ne heurter d'aucune manière les doctrines et même les vues du Siége apostolique. Nous en avons une preuve frappante dans l'*Etude sur la Franc-Maçonnerie*.....

Page 152, on lit encore :

Evidemment, il se fait un travail dans l'esprit de Mgr Dupanloup, et nous avons lieu d'espérer que l'illustre prélat ne terminera point sa carrière sans avoir déposé entièrement et publiquement ses illusions libérales, à l'instar du grand homme d'Etat, M. Adolphe Dechamps, dont la Belgique pleure en ce moment la perte.....

Pages 154 et 155, en mentionnant tout ce que le Pape a fait auprès de Mgr Dupanloup pour le tenir en garde contre le libéralisme, nous disons en propres termes :

Mgr Dupanloup sera la conquête de Pie IX... Tant de sollicitude (de la part du Saint-Père) ne saurait manquer d'efficacité. Aussi, c'est sous l'excellente impression que nous laisse la parole apostolique que nous terminons notre étude, impression que nous voulons faire partager à nos lecteurs.....

Enfin, page 157, en rappelant les *Retractationes* de saint Augustin, nous avons fait remarquer que « rétractations » ne rend qu'imparfaitement le mot latin. Car *retractationes* veut dire proprement le travail d'un auteur qui reprend et révise des sujets par lui déjà traités. Ce travail comprend des explications, des éclaircissements, et, s'il y a lieu, des corrections. Voilà toute notre pensée.

Et, le lecteur n'est-il pas à même de constater le soin avec lequel nous semons les correctifs, les dubitatifs en tant d'endroits ? Que nous eussions pu adoucir encore d'autres passages, nous ne le contestons pas; mais ces passages, ou nous auront échappé, ou notre exigence à cet égard aura été moindre que la susceptibilité de certains critiques. Dans tous les cas, cette omission ne saurait constituer un crime impardonnable, si ce n'est aux yeux des partisans déclarés d'une admiration perpétuelle.

Relevons enfin les éloges que nous donnons à l'illustre écrivain, toutes les fois que l'occasion s'en présente.

C'est ainsi que nous entrons en matière :

A partir de 1844, à l'époque où devinrent plus pressantes les réclamations des catholiques pour obtenir la liberté d'enseignement, dont la promesse, gardée par la Charte de 1830, demeurait obstinément inefficace, il n'y avait pas à Paris, et même dans toute la France, un ecclésiastique plus en relief que M. l'abbé Dupanloup; sa renommée semblait croître de jour en jour. Agé de quarante-deux ans, vicaire général et supérieur du petit séminaire, il était entouré d'estime, de confiance, d'admiration et d'éloges. Durant le carême de 1834, cédant aux instances de Mgr de Quélen, il avait donné à Notre-Dame les premières conférences offertes aux hommes, ouvrant, en quelque sorte, la voie aux Lacordaire, aux Ravignan, aux Félix, etc.....

Est-ce là le langage d'un homme qui méconnaît la valeur de Mgr Dupanloup? Poursuivons.

Admirablement dit ! (p. 17.)

La question et la réponse (à l'occasion de la bulle sur l'Immaculée-Conception) impliquaient l'infaillibilité pontificale. L'évêque d'Orléans ne se sépara point de ses collègues, et, en cela, il demeurait fidèle à la doctrine (de l'infaillibilité) qu'il avait depuis longtemps embrassée..... (p. 39.)

Sa Sainteté Pie IX, avant de recevoir les évêques en audience de congé, voulut désigner ceux d'entre eux auxquels la traduction, dans tous les idiomes, de la bulle *Ineffabilis Deus* pouvait être confiée. Elle daigna choisir Mgr l'évêque d'Orléans pour la langue française; ce n'est pas, du reste, le seul témoignage d'affection qui fut accordé à l'illustre prélat (p. 40.)

Au premier rang des défenseurs du Saint-Siége apparaît Mgr Dupanloup, et la popularité de ses écrits est d'autant plus grande que si, d'une part, la soudaineté de son action, l'énergie et l'éclat de son langage font naître parmi les catholiques de vives sympathies, d'autre part..... (p. 51.)

Parfait ! il n'y a qu'à souscrire des deux mains..... (p. 52.)

Le passage suivant, on en conviendra, est empreint d'une fierté vraiment épiscopale..... (p. 53.)

Que trouve-t-on dans la brochure (*la Convention du* 15 *septembre*, etc.) ? Des pages très-éloquentes, des redressements infligés de main de maître, de véritables coups de massue sur certains journalistes non moins ignares que présomptueux..... (p. 64.)

Tout ce que viennent de dire si bien Fénelon et Mgr Dupanloup s'est accompli à la lettre..... (p. 95.)

N'oublions pas que, dans sa lettre du 10 novembre 1869, Mgr l'évêque d'Orléans avait d'avance formulé son adhésion (aux décrets du concile) dans les termes qui suivent..... (p. 96.)

La parole fut ensuite donnée à Mgr l'évêque d'Orléans. Son discours contient d'excellentes choses..... (p. 116.)

Nous ne venons pas nier le mérite, la puissance et les succès de l'orateur politique, encore moins les services rendus..... (p. 135.)

La *Lettre à M. Minghetti* avait le mérite de faire retentir à certaines oreilles le bruit sinistre des institutions les plus vénérables tombant sous les coups répétés du gouvernement subalpin. Mgr Dupanloup a partout un auditoire à lui et qui ne veut entendre que lui; il a donc fait une bonne œuvre, en se servant de la notoriété attachée à son nom, pour réveiller ces catholiques somnolents..... (p. 145.)

Durant un quart de siècle et plus, grâce à Mgr Dupanloup, le siége épiscopal d'Orléans a été entouré d'un vif éclat..... (p. 157.)

Nous pensons que tout lecteur impartial doit se sentir désormais édifié sur l'esprit d'équité qui a constamment guidé notre plume, à moins d'un parti pris, contre lequel alors le raisonnement et la justice ne peuvent absolument rien.

XIII

Un théologien, un docteur, fût-il simplement prêtre, a-t-il le droit de signaler publiquement l'erreur manifeste touchant la doctrine, dans laquelle un évêque, et même son évêque, serait tombé, non comme évêque, mais comme publiciste ? Telle est la question qu'il faut examiner.

La solution dépend évidemment des devoirs que la connaissance, le culte et la défense de la vérité imposent à tout homme instruit. Un théologien en effet peut et doit servir la vérité catholique de deux manières, premièrement, en exposant spéculativement et didactiquement la vraie doctrine; secondement, en mettant en relief les opinions erronées et en poursuivant ces opinions dans les écrits de leurs auteurs et fauteurs. Les deux procédés sont inséparables. Des études purement théoriques se perdent dans les abstractions et n'ont par elles-mêmes presque aucun résultat pratique. Tout disciple demande à être dirigé, et il ne le sera qu'autant qu'on lui dira : la doctrine catholique est contenue dans tel livre, vous pouvez en user avec sécurité ; vous devez au contraire vous tenir en garde contre tel autre. Ce que le professeur enseigne du haut de sa chaire, il peut l'enseigner au dehors par tous moyens légitimes.

Tel a été, dans le cours des siècles chrétiens, le rôle des hommes versés dans l'étude du dogme et de la morale. Au quatrième siècle, saint Jérôme écrivait contre son évêque, Jean de Jérusalem, soupçonné d'origénisme; on a du même docteur une lettre virulente contre saint Augustin. Cassien, au cinquième siècle, écrit à la demande du Pape saint Célestin, son *Traité de l'Incarnation* contre Nestorius, patriarche de Constantinople. Cassien avait été le diacre de saint Jean Chrysostome, il appartenait en quelque sorte au clergé de Constantinople. Telle est plus tard la fonction des facultés de théologie, des universités dont les membres, soit en corps, soit comme docteurs isolés, ont la charge de veiller au maintien des saines doctrines, sans doute sous l'œil des évêques, mais aussi avec une juste indépendance au regard de ces mêmes évêques, qui ne sont pas plus que les autres à l'abri des infirmités humaines, spécialement des erreurs doctrinales. C'est ainsi qu'au seizième siècle nous voyons la Sorbonne condamner le bréviaire d'Orléans, le 1er mars 1548, comme faisant, en matière de liturgie, des changements imprudents, téméraires, scandaleux, et donnant lieu de soupçonner un dessein de favoriser les hérétiques (1). On n'a jamais contesté à tout homme d'église compétent de soulever, selon l'opportunité, les controverses nécessitées par la défense de la bonne doctrine.

L'histoire du jansénisme nous en fournit un exemple. Cornelius Jansenius, évêque d'Ypres, auteur de l'*Augustinus*, meurt, laissant son livre à moitié imprimé. La publication est terminée par ses amis; l'ouvrage fait sensation, il est patronné ouvertement par l'université de Louvain (1640) ; il est au contraire, vivement combattu par la Faculté de théologie de Paris. Le docteur Cornet extrait de l'œuvre les *cinq propositions*, qui deviennent dès ce moment l'objectif de la controverse. Il faut remarquer que, par son testament, l'évêque d'Ypres avait soumis son livre au Saint-Siége ; cette circonstance ne désarme point les adversaires. Bien loin de là, les deux partis discutent avec chaleur, et non sans profit, il faut le dire, pour la vérité qui trouva d'habiles défenseurs, dont le zèle et les écrits furent constamment secondés par l'autorité apostolique. Quelqu'un s'avisa-t-il de reprocher au docteur Cornet d'attaquer le livre d'un évêque ? On nous dira peut-être : Jansenius était mort ! mais eût-il été vivant, eût-il achevé lui-même la publication de l'*Augustinus*, Cornet se serait-il cru empêché? Nullement. Plus tard, plusieurs évêques français favorisent le jansénisme, les universités ne se font aucun scrupule de censurer leurs lettres pastorales.

De nos jours, durant la controverse liturgique, l'illustre Dom Guéranger rencontra comme adversaires d'abord Mgr d'Astros, archevêque de Toulouse (1844), puis Mgr Fayet, évêque d'Orléans (1846). En face de ce dernier, le vaillant bénédictin eut un instant d'hésitation, non certes à cause des arguments plus spécieux que solides qu'on lui imposait, mais à cause du respect dû au caractère épiscopal. Or nous savons de source certaine que Mgr Thomas Gousset, décédé en 1866 cardinal archevêque de Reims, fit dire alors à Dom Guéranger de laisser de côté tout scrupule, et de marcher courageusement à la défense des saines doctrines.

Tout récemment encore, qu'avons-nous vu lors des controverses sur l'infaillibilité papale? A la veille de la célébration du Concile, et

(1) D'Argentré, *Collect. judicior*, t. II, p. 160.

durant le Concile, non-seulement de simples prêtres, mais encore des laïques, se sont fait un devoir d'attaquer et de réfuter les *Observations* de Mgr Dupanloup ; et plusieurs, notamment M. l'abbé de Cabrières, aujourd'hui évêque de Montpellier, ont été, à ce sujet, félicités par le Pape.

Ces précédents nous accordent plus que nous ne demandons. Le bréviaire d'Orléans du XVIe siècle, les mandements jansénistes, les *Observations* de Mgr Dupanloup, sont des actes et des écrits pastoraux. Nous pourrions ajouter les instructions pastorales de Fénelon que Bossuet trouvait entachées de quiétisme, et qu'il poursuivait, nonobstant l'appel à Rome, avec une ardeur qui ne souffrait aucune relâche. Sans doute l'évêque de Meaux était juge de la doctrine dans son diocèse, mais on cherche à quel titre il pouvait attaquer les instructions pastorales de l'archevêque de Cambrai : ce ne pouvait être qu'en qualité de docteur privé, alors il faudrait en conclure que le droit du théologien va jusque-là.

Il est à peine nécessaire de faire observer que les théologiens, en pareil cas, n'ont nullement la prétention de devancer les décisions de l'autorité suprême, qu'ils n'entendent pas porter un jugement, mais qu'ils se fondent uniquement sur le magistère ordinaire de l'Eglise, ou sur des décisions antérieurement rendues.

Cette manière d'envisager les choses est conforme aux idées que nous avons de la liberté des enfants de Dieu. Il ne s'agit pas ici de la liberté d'embrasser et de soutenir telle opinion indifférente ou non condamnée, mais de cette liberté essentielle et inaliénable, qui résulte du devoir et du droit de tout chrétien d'embrasser la vraie doctrine, de la défendre, de la propager, et, en même temps, de s'opposer par tous moyens légitimes à l'invasion de l'erreur et à ses progrès.

Telle est évidemment la pensée de Pie IX, dans les lettres et allocutions adressées aux fidèles de tout ordre et de toute condition, où il est question du libéralisme. Ce serait méconnaître le sens et la portée de ses paroles que de supposer que ses recommandations réitérées admettent des exceptions, si, par exemple, le libéralisme trouvait quelque part un point d'appui dans un homme d'un rang élevé.

XIV

L'obligation qui pèse sur tout chrétien, quel qu'il soit, de soutenir et de défendre la vérité catholique, est merveilleusement mise en relief par Bourdaloue. On lira, nous en sommes convaincu, les passages suivants avec un grand intérêt :

Il est de la grandeur de Dieu d'être servi par des hommes qui se fassent gloire d'être à lui et de se déclarer pour lui ; et il n'y a pas de prudence qui puisse affaiblir la force et l'obligation de ce devoir, parce que ce devoir est le premier principe sur quoi roule la prudence même et à quoi toute cette vertu doit se rapporter. Les intérêts de Dieu, c'est-à-dire ce qui touche son culte, sa religion, sa loi, son honneur, sa gloire, sont d'un ordre si relevé qu'ils ne peuvent jamais être balancés par nul autre intérêt ; et d'ailleurs ces mêmes intérêts sont tellement entre nos mains, que vous et moi nous en devons être les garants, et qu'autant de fois qu'ils souffrent quelque altération et quelque déchet, Dieu a droit de s'en prendre à nous, puisque ce dommage qu'ils souffrent n'est que l'effet et une suite de notre infidélité. Or, c'est ce qui arrive tous les jours lorsque, par une fausse politique, nous négligeons de les maintenir, et que, nous en reposant sur Dieu même, nous nous faisons des prétextes pour nous taire, quand il faudrait parler ; pour dissimuler, quand il faudrait agir ; pour tolérer et pour conniver, quand il faudrait reprendre et punir....

Suivant la belle et solide réflexion de saint Augustin, le libertinage (1) ne demande point précisément d'être applaudi, d'être soutenu et appuyé ; il se contente qu'on le tolère, et c'est assez pour lui de n'être point traversé ni inquiété. Quand donc vous le laissez en paix, vous lui accordez tout ce qu'il prétend. Avec cela il ne manquera pas de prendre racine, et, sans avoir besoin d'un autre secours, il saura bien se fortifier et s'étendre. N'est-ce pas de cette sorte et par cette voie qu'il est toujours parvenu à ses fins ? les ménagements de ceux qui l'ont épargné, et qui devaient le réprimer dans sa naissance, ont été de tout temps les principes de son progrès... Voilà ce qui a multiplié les schismes et les hérésies. On se faisait d'abord une sagesse de les négliger, et puis on se trouvait trop faible pour les retrancher. Après les avoir supportés par indulgence, on se voyait réduit à les souffrir par nécessité. La politique des uns rendait le zèle des autres impuissant et inutile, et pour remonter jusqu'à la source, l'indifférence d'un homme, qui n'avait pas fait son devoir, était la cause originaire d'un vaste incendie qui embrasait des pays entiers....

De là l'obligation spéciale et redoutable de ceux qui se trouvent élevés en dignité, de ceux qui ont, dans le monde, de la qualité, de ceux qui, par leurs talents ou par leurs emplois, se sont acquis plus d'autorité, de ceux à qui Dieu semble avoir donné plus de lumière et de capacité ; de là, dis-je, cette obligation plus étroite qu'ils ont d'attaquer avec force les scandales du siècle et de leur couper court : obligation qu'ils doivent considérer comme l'un des points sur lesquels le Saint-Esprit fait entendre qu'ils seront plus exactement recherchés, plus sévèrement jugés, plus rigoureusement condamnés.

« Car qu'un homme du commun oublie là-dessus et ce qu'il peut et ce qu'il doit, quoiqu'il se charge en particulier d'un grand compte, la conséquence pour Dieu en est moins à craindre : mais qu'un grand, qui a le pouvoir en mains, et qui, selon saint Paul, est le ministre de Dieu pour venger ses intérêts, cesse de s'y employer, qu'il soit pour cela d'une composition facile, qu'il se remue lentement, qu'il résiste faiblement, qu'il se relâche et qu'il se rende aisément, vous savez avec quel succès l'impiété en profite....

« Mais ne doit-on pas ménager le prochain, surtout si c'est un ami, si c'est un homme distingué par sa naissance, par son élévation, par son rang ? Le ménager, mes chers auditeurs, et qu'est-ce que cet ami, qu'est-ce que ce grand, qu'est-ce que cet homme, quel qu'il soit, dès qu'il y va

(1) Au XVIIe siècle le sens du mot *libertinage* se rapproche beaucoup de celui de l'expression *libre pensée* du siècle actuel.

de la gloire de Dieu et de son service? Si les apôtres avaient eu de tels ménagements, où en serions nous?... Si les pères de l'Eglise, les Athanase, les Chrysostome, les Augustin et les autres, avaient eu de pareils égards, auraient-ils préservé le peuple fidèle de tant d'erreurs qu'ils ont détruites, et de tant d'hérésies qu'ils ont hautement combattues? Agissez avec respect, mais agissez avec force; l'un n'est point contraire à l'autre... Cependant, chrétiens, voilà le désordre : on a du zèle et quelquefois le zèle le plus violent et le plus amer pour certaines conditions, et l'on en manque pour d'autres états plus relevés, on se dédommage en quelque manière sur les petits de ce qu'on ne fait pas à l'égard des grands. Tout est crime dans ceux-là, et tout est, ce semble, permis à ceux-ci. On se persuade que c'est sagesse de se taire, de dissimuler, d'attendre l'occasion favorable, et un moment qui ne vient jamais, ou qu'on ne croit jamais être venu (1). »

« La grande maxime, dit ailleurs Bourdaloue, ou pour mieux parler le grand abus de la science du monde, est de taire les vérités désagréables: je dis les taire à ceux qu'il serait utile et important de les savoir... on se fait une fausse charité et un faux devoir de cacher cette vérité odieuse à celui qu'elle intéresse personnellement et qui serait le seul capable d'en profiter. Or cela est vrai, surtout à l'égard des grands, des riches et des puissants de la terre, dont le malheur, entre tous les autres qui semblent attachés à leur condition, est de n'entendre presque jamais la vérité; et qui, sans jugement téméraire, ont droit de regarder tous ceux qui les approchent comme autant de séducteurs qui se font une politique de les tromper... Et voilà pourquoi Dieu recommandait tant à ses prophètes de s'expliquer avec une sainte liberté, quand il s'agissait de reprendre les vices... Ne crains point, disait le même Dieu à Jérémie, parce que c'est moi qui t'ai ordonné de parler, moi qui t'ai établi comme une colonne de bronze et comme un mur d'airain, *in columnam ferream et in murum æneum*. Pourquoi comme une colonne de bronze et comme un mur d'airain? Remarquez ce qui suit : *Regibus Juda, principibus ejus et sacerdotibus*. C'est pour les grands de Juda, pour les princes, pour les nobles, pour ceux qui occupent les premières places, et à qui leurs ministères et leurs emplois donnent plus d'autorité, *ne formides a facie eorum*. Que leur présence, ajoutait le Seigneur, ne t'étonne point, que le respect de leur personne ne t'ébranle point; n'aie pas pour eux de lâches égards, ne les flatte point; dis-leur avec courage la vérité que je veux qu'il sachent; sois l'apôtre et, s'il est besoin, le martyr de cette vérité (2). »

« Je sais, dit encore le grand prédicateur, que, indépendamment de nous, l'Eglise subsistera jusqu'à la fin des siècles, et que, selon la promesse du Fils de Dieu, les portes de l'enfer ne prévaudront jamais contre elle; mais ce corps qu'il n'est pas au pouvoir des hommes de détruire peut, après tout, selon la mauvaise disposition des membres qui le composent, avoir ses pertes et ses altérations, soit par la desertion de quelques-uns de ses enfants, soit par l'affaiblissement de la charité du plus grand nombre; et voilà sur quoi tout notre zèle doit s'allumer. Tel fut le zèle des apôtres... Tel est encore de nos jours et parmi nous le zèle de tant d'hommes apostoliques, qui se consument d'études et de veilles pour la défense de l'Eglise... Tel enfin doit être par proportion le zèle de chaque fidèle qui, selon le mot de Tertullien, devient soldat dès qu'il s'agit de l'Eglise, et est indispensablement obligé de combattre pour sa cause, autant qu'il est en son pouvoir.

(1) Sermon pour le dimanche dans l'octave de l'Ascension *sur le zèle pour la défense des intérêts de Dieu*

(2) Sermon pour le quatrième dimanche après Pâques *sur l'amour et la crainte de la vérité*.

« Car, suivant la figure dont se servait saint Paul sur un autre sujet, et qui ne convient pas moins à celui-ci, de même que, dans le corps humain, chacun des membres contribue à la bonne constitution du corps, de sorte que tous s'aident au besoin les uns les autres, ainsi, dans le corps de l'Eglise, devons-nous tous, par une sainte unanimité, être tellement liés ensemble que jamais nous ne permettions qu'on y donne la moindre atteinte, et que nous nous opposions comme un mur impénétrable à tous les coups que l'erreur, l'incrédulité, l'impiété pourraient entreprendre de lui porter. Devoir propre de certains états et de certaines fonctions dans le gouvernement de l'Eglise; mais d'ailleurs, sans nulle différence de fonctions ni d'états, devoir commun et universel (1). »

C'est ce devoir commun et universel que les catholiques de Constantinople accomplirent courageusement lorsque, entendant leur patriarche Nestorius attaquer la maternité divine de la Bienheureuse Vierge Marie (428), ils réclamèrent publiquement contre les blasphèmes du novateur. Parmi eux se distinguèrent, le prêtre Proclus qui, plus tard, monta sur le siége de Constantinople ; il est inscrit au martyrologe le 24 octobre ; et le laïque Eusèbe, avocat, qui formula une protestation énergique, Eusèbe devint, par la suite, évêque de Dorylée.

Ce fait mémorable vient pleinement justifier l'argumentation de la théologie polémique, lorsqu'il s'agit de démontrer l'autorité de la tradition en faveur de certains dogmes.

En effet, voici comment procède le théologien. Il constate d'abord un fait, par exemple la pratique de la confession auriculaire, la croyance à la présence réelle de Jésus-Christ dans l'Eucharistie, et de ces faits il conclut légitimement que les deux dogmes, la nécessité de la confession et la présence réelle font partie du dépôt de la révélation. Il raisonne de cette manière : si la nécessité et la pratique de la confession, si la croyance à la présence réelle ne font point partie du dépôt de la révélation, il faut admettre que ces croyances, inconnues à l'origine du christianisme, ont été introduites plus tard, à une époque quelconque, et que, sur tous les points du monde catholique, une innovation considérable dans la foi de l'Eglise universelle a eu lieu ; de telle sorte que, après une période de temps durant laquelle ni la nécessité de la confession, ni la présence réelle n'étaient connues, une autre période a suivi, durant laquelle l'innovation s'est faite. Or, de tels changements n'ont pu s'opérer sans laisser dans l'histoire des traces profondes. Il est impossible en effet de supposer que l'ancienne doctrine n'ait pas gardé de nombreux adhérents, et que le système des novateurs n'ait pas été ouvertement, persévéramment et efficacement combattu ; car les innovations sont tout ce qu'il y a de plus opposé aux principes mêmes du christianisme, à l'idée qu'on s'est faite dans tous les temps de la foi et de ses bases. Cependant l'histoire est muette ; personne ne

(1) *De l'Eglise et de la soumission qui lui est due. Devoirs indispensables de chaque fidèle envers l'Eglise.*

peut dire que les croyances dont il s'agit ont été introduites et acceptées dans tel ou tel siècle ; qu'il y ait eu à ce sujet des réclamations, des controverses, des troubles. Donc il n'y a point eu d'innovation, donc les croyances dont il s'agit remontent aux temps apostoliques et évangéliques. Or, qu'on y fasse bien attention, d'où vient la puissance de ce raisonnement? elle vient du droit qui appartient à chaque fidèle de réclamer et de protester contre toute innovation en matière de doctrine; supprimez ce droit, et l'argument croule.

XV

Dans les journaux italiens, nous avons lu divers conseils qu'on voulait bien me donner. On a dit notamment que j'aurais dû d'abord adresser à Mgr l'évêque d'Orléans, par lettre confidentielle, les regrets et les vœux que m'inspirait la lecture de ses œuvres complètes, et par suite les craintes que je ressentais. J'aurais pu procéder ainsi ; mais, dans ma conviction, je ne serais arrivé à rien. D'abord, parce que tout écrit de ma part est réputé par Mgr Dupanloup sans valeur aucune, comme émanant d'un esprit emporté. Ensuite, je suis à même d'affirmer que, de pareilles monitions charitables, les mains du prélat en sont pleines. Ces monitions ne viennent pas de moi ; elles ont été envoyées à leur adresse par d'excellents prêtres, par des laïques dévoués. La teneur de quelques-unes de ces missives, est arrivée à ma connaissance par la volonté de leurs auteurs, qui ont jugé convenable de me renseigner à cet égard. Peines perdues ! quand on voit le Saint-Siége, pendant un quart de siècle, s'efforcer d'adoucir l'irritation de l'évêque d'Orléans contre l'*Univers*, et ne pas réussir, que peut-on raisonnablement espérer de communications simplement officieuses? Ceux qui croient à l'efficacité de ces moyens jugent l'homme d'après l'idéal, prôné et encensé par certains journaux et biographes; la réalité leur échappe absolument.

On me reproche encore de n'avoir point confié mes griefs à l'oreille du Pape, pour ensuite m'en remettre purement et simplement à sa sagesse.

Mais qu'on soit donc foncièrement convaincu que mon livre n'a rien appris de nouveau au Saint-Siége ; que le Pape, les divers nonces qui se sont succédé en France, les cardinaux et consulteurs au courant de nos affaires ecclésiastiques, sont exactement informés de tout ce qui nous concerne et qu'ils sont même en état de nous révéler quantité de détails que nous ignorons. Par conséquent, si le Pape, déjà parfaitement instruit, n'a pas averti le célèbre publiciste, pourquoi supposerait-on que mes confidences, beaucoup moins complètes que les renseignements dont Sa Sainteté dispose, auraient eu pour effet de rendre inévitable une monition apostolique? D'ailleurs, qui peut répondre de ce que le Pape a fait ou n'a pas fait? On nous répliquera : si le Pape avait demandé à l'évêque de corriger tel et tel passage de ses écrits, la chose serait faite. C'est aussi notre pensée. Donc il n'y a pas eu monition directe, mais n'y a-t-il pas eu avertissement indirect, des insinuations transparentes? Il est difficile d'en douter, lecture prise de certains documents (1).

Ensuite il n'est pas toujours donné au Saint-Siége d'agir en toute liberté. Tout m'est permis, disait l'apôtre, mais tout n'est pas expédient; plus une autorité est élevée, plus elle voit de haut; plus elle embrasse l'ensemble des faits présents et contingents, plus elle est circonspecte. Il est préférable parfois que les questions naissent d'elles-mêmes, que l'initiative vienne d'en bas, l'autorité demeurant toujours maîtresse de contenir et de réprimer. Pourquoi le Pape saint Célestin engagea-t-il Cassien à écrire contre Nestorius ? C'est qu'il espérait que Nestorius, éclairé par le livre de Cassien, reviendrait spontanément de ses erreurs, et qu'on ne serait pas obligé de déployer l'autorité apostolique. Dans l'histoire de toutes les hérésies on voit des choses semblables.

Les décrets du Saint-Siége ont-ils le moyen d'aller infailliblement à leur adresse? Le pouvoir civil ou les intéressés n'élèvent-ils pas quelquefois des barrières, des obstacles matériels, pour empêcher la parole apostolique de passer, d'être connue? Faut-il, en attendant, que la vérité demeure sans soutien?

Maintenant, pure hypothèse; je déclare que je n'ai en vue qui que ce soit, supposons un évêque directement et formellement averti par le Pape d'avoir à retirer telle et telle proposition. L'évêque n'en fait rien, et le Pape, ne voulant pas pousser les choses à l'extrême, garde le silence. Croit-on que cette situation doive fermer la bouche au théologien qui voit les conséquences de cette paix apparente? Nullement, la vérité alors réclame plus que jamais des défenseurs habiles et courageux. Grâce à ces défenseurs, la lumière se fait, les illusions tombent, et le juge souverain des controverses est sûr de trouver appui et concours, le jour où il lui paraît opportun de prononcer.

Prétendre que, dans aucun cas, un simple fidèle, un simple docteur, fondé sur le magistère ordinaire de l'Eglise, ne peut signaler publiquement l'erreur manifeste d'un pasteur, c'est poser un principe qui a pour conséquence de laisser la place libre à toute hétérodoxie imaginable, et de livrer le troupeau aux morsures du loup déguisé en berger; cela est de la dernière évidence. Encore une fois nous ne faisons aucune application.

Enfin, on objecte que si le péril devait être signalé, il devait l'être par tout autre qu'un subordonné. J'avoue ne pas saisir la distinc-

(1) *Monseigneur Dupanloup*, pages 70 et 154.

tion ni les motifs sur lesquels elle repose. Il me semble que c'est au siége même de l'incendie qu'il faut d'abord crier au feu! Le catholicisme libéral, depuis vingt ans, a gagné à Orléans quantité d'esprits; il est donc à souhaiter que la vérité soit montrée à ces hommes, dont les intentions d'ailleurs ne sauraient être suspectées, dont la bonne foi est entière. Il convenait donc que, sur les lieux mêmes, une voix se fît entendre; on doit regretter seulement que cette voix ne soit pas plus puissante, plus digne d'être écoutée. Celui qui a parlé, simple prêtre à la vérité, est néanmoins chanoine de l'église cathédrale; comme tel, il a contracté avec l'Eglise d'Orléans des liens étroits; il appartient à un corps qui forme le sénat de l'évêque, qui en vacance de siége gouverne le troupeau. Tout ce qui intéresse la gloire de son Eglise, le maintien des saines doctrines, doit le toucher au premier chef. Quoiqu'il soit juste de dire que, sauf quelques insinuations dans la lettre du 13 septembre 1868, les doctrines libérales n'aient jamais pénétré dans des écrits pastoraux : néanmoins les œuvres du publiciste se recommandent du caractère épiscopal, et c'est ce qui en augmente la portée.

Sans doute le rôle de celui qui vient réclamer est peu agréable; il s'expose à être contredit, injurié, diffamé, évité comme un faux frère. Mais, tout en subissant de pareilles épreuves, il peut tenir son âme en paix, et avoir la confiance qu'il sert les intérêts de son Eglise. Car il viendra un temps où l'on recueillera des documents pour l'histoire, on sera surpris de rencontrer dans les écrits de l'évêque d'Orléans certaines propositions, et l'on cherchera peut-être en vain les explications et rectifications nécessaires. Alors, on demandera si, autour de lui, personne ne s'est levé pour revendiquer les droits de la vraie doctrine. Je n'ai pas voulu que pareille question pût recevoir une réponse peu honorable pour mon Eglise; et, tout le monde se taisant, je me suis cru obligé de parler.

Certes on ne m'accusera pas de précipitation; j'aurais pu parler beaucoup plus tôt. Depuis plusieurs années, je constatais la gravité de la situation, je me sentais intérieurement sollicité de tenter quelque chose dans mon humble sphère; je combattais mes propres pensées, espérant toujours qu'un dénouement normal, spontané ou non, se produirait. Je me suis fait cent fois toutes les objections qu'on formule actuellement, et cent fois je me suis incliné devant elles, sans néanmoins me sentir convaincu; enfin, tout pesé, j'ai cru que l'heure de se taire était passée, et largement passée. Si justice ne m'est pas rendue aujourd'hui, elle me sera rendue plus tard.

A propos de subordination, il existe dans la tête de plusieurs une confusion qu'il importe de dissiper. On s'imagine que la subordination ecclésiastique est calquée sur la subordination militaire; erreur : il y a, entre l'une et l'autre, des différences profondes. En thèse générale, la subordination ecclésiastique est de même nature que la subordination chrétienne, et comme celle-ci n'est ni absolue ni aveugle, il en est de même de celle-là. C'est pourquoi, dans le langage consacré, l'obéissance, due aux supérieurs ecclésiastiques soit par les laïques, soit par les clercs, est appelée *canonique*, c'est-à-dire conforme aux canons, aux règles posées par l'Eglise. Or, parmi ces canons, il s'en trouve qui traitent *de excessibus prælatorum*, ayant pour objet d'accorder aux inférieurs de justes garanties. Si donc un prélat excède en quoi que ce soit, et s'il prétend se faire suivre dans ses écarts par ses subordonnés, il aurait tort de compter sur une soumission qui ne lui est pas due, et qui deviendrait alors abusive et anticanonique. Qu'on assimile le dévouement ecclésiastique au dévouement militaire, fort bien ; le prêtre comme le soldat ne doit pas hésiter en face du péril. Le premier court au chevet des pestiférés avec l'intrépidité que le second déploie sur un champ de bataille; mais cela ne veut pas dire qu'un évêque a le droit de faire manœuvrer son clergé comme un colonel son régiment.

Ce qui précède peut également servir de réponse à ceux qui soutiennent que le gouvernement d'un diocèse devient impossible, si des publications semblables à la mienne sont tolérées. D'abord, grâce à Dieu, les cas de ce genre sont très-rares. Ensuite, de justes et respectueuses réclamations n'entravent point la juridiction épiscopale, et, en fait, on ne constate dans le diocèse d'Orléans, depuis l'apparition de la brochure, aucun symptôme d'insubordination et nous affirmons qu'on n'en constatera aucun. Le clergé est vivement préoccupé et affligé, c'est vrai ; mais il attend de son évêque luimême le repos d'esprit et la consolation.

En dernière analyse, on demande pourquoi l'auteur n'a pas renvoyé sa publication après la mort de celui qui en est l'objet. La raison est palpable. Il ne s'agissait pas pour moi d'accuser, il s'agissait seulement d'obtenir, au profit de la doctrine, une juste satisfaction : explications, éclaircissements, rectifications, corrections, en un mot ce qui peut être nécessaire. Ce but ne saurait être atteint qu'entre vivants. Il m'a toujours répugné de m'adresser à un homme hors d'état de se défendre ; d'autant plus qu'on n'aurait pas manqué de voir là un calcul. En face de l'illustre écrivain, aurait-on dit, le chanoine Pelletier n'eût pas osé seulement lever les yeux, il triomphe facilement de celui qui ne peut plus lui répondre ! Non, grâce à Dieu, je suis incapable d'une pareille lâcheté. J'ai voulu en outre me réserver, s'il est possible, la consolation d'aller un jour me jeter aux pieds de mon évêque, lui demander pardon de mes fautes, et de me réjouir avec lui, devant les Anges de l'Eglise d'Orléans, de ce que la vérité qui était perdue a été retrouvée, et, avec la vérité, la charité, l'union, la paix !

XVI

Par les dernières lignes du paragraphe précédent, nous avons touché légèrement à la question d'opportunité, question qu'il nous faut enfin aborder de front. Qu'il soit bien compris avant tout que je n'impose ma manière de voir à personne, encore moins à mes juges légitimes, que je ne prétends ici prononcer ni en premier ni en dernier ressort; je veux simplement narrer les motifs qui m'ont fait croire à tort ou à raison, que non-seulement ma publication, en février dernier, était opportune, mais encore qu'elle était d'une certaine manière urgente.

Ceux qui tiennent ici contre l'opportunité se fondent sur la difficulté des temps, sur la crise dans laquelle la France est actuellement engagée, crise qui, selon toute apparence, deviendra très-aiguë. Ils ajoutent qu'il n'y a aujourd'hui qu'un seul homme, appartenant au clergé, qui soit en position de servir les intérêts de l'Eglise dans les conseils de la nation et les régions gouvernementales; que cet homme est l'évêque d'Orléans, et que c'est une faute d'ébranler son crédit et son prestige, de laisser planer sur lui des soupçons, de lui contester le droit de se prévaloir de la confiance absolue du Saint-Siége et des catholiques, par suite de décourager, d'enchaîner et de neutraliser son action. Ils disent encore que, plus que jamais, les catholiques doivent oublier leurs dissidences et constituer un corps parfaitement uni et compacte, et que agiter la question du catholicisme libéral, l'attaquer dans son chef le plus éminent, c'est une manœuvre fausse, dangereuse, capable de faire naître une opposition décidée, peut-être une hérésie ou un schisme.

Nous ne dissimulons rien, comme on le voit; reprenons ces appréciations.

Nous ne contestons pas la difficulté des temps et la crise imminente, commencée. Or, c'est précisément la menace de cette crise qui nous a décidé. Plus tard, il eût été trop tard. Il m'a paru nécessaire, avant le tremblement de terre qui va secouer et renverser nos institutions sociales et religieuses, de faire non-seulement la part de certaines responsabilités, mais encore de mettre en relief les principes d'après lesquels, quand la paix sera venue, on devra rebâtir, et par avance d'exclure les matériaux trompeurs que veulent, dès à présent encore, laisser et recommander à nos neveux les sectateurs de 89.

Mettre en relief, disons-nous; pour ce motif nous avons cherché le moyen de donner à notre œuvre le plus grand retentissement possible. Nous n'atteindrions pas ce but si, à l'exemple de très-estimables publicistes, nous nous contentions de traiter du catholicisme libéral au point de vue théorique; nous n'aurions alors qu'un petit nombre de lecteurs, lecteurs sympathiques n'ayant aucun besoin d'être éclairés. Mais, en prenant pour objectif principal une personnalité illustre dont le programme, arrêté dès 1845, a paru tellement significatif à M. Guizot, homme d'Etat et protestant, qu'il en a pris acte, et qu'il l'a textuellement inséré dans ses *Médita-*

tions, second volume, p. 103. Il importe de plus que le lecteur connaisse les réflexions que suggère à M. Guizot l'attitude de Mgr Dupanloup.

« Le XIXe siècle a trouvé dans l'Etat et dans l'Eglise les deux forces suprêmes qui président à la vie des âmes et des sociétés, l'autorité et la liberté, violemment en guerre entre elles, et tour à tour victorieuses jusqu'à l'enivrement ou vaincues jusqu'à la ruine. Il est chargé de les faire vivre ensemble et en paix... Triomphe assuré, si l'esprit libéral et l'esprit chrétien s'accordent pour l'accomplir. A travers toutes nos passions et nos dissensions intellectuelles et sociales, le sentiment de cette situation est au fond des âmes ; et soit qu'on s'en rende compte ou qu'on l'ignore, l'accord entre le progrès libéral et le réveil chrétien est la grande affaire et la grande espérance de notre temps (1). »

Ici M. Guizot appelle en témoignage Mgr Dupanloup, et il cite un passage du livre de la *Pacification religieuse*. Puis il continue :

« Ce catholique, cet évêque n'est pas un prêtre timide, un conciliateur empressé et à tout prix ; c'est le même qui, dès le jour où la constitution de l'Eglise catholique a été attaquée, l'a défendue avec le plus d'ardeur et d'éclat. La papauté, ses droits, son indépendance temporelle, comme sa souveraineté spirituelle, n'ont point eu de champion plus ferme, plus opposé à toute transaction faible et menteuse, plus constamment présent et hardi sur la brèche que M. l'évêque d'Orléans.

Au fort de cette lutte, le Pape Pie IX a publié son Encyclique du 8 décembre 1864... Comme œuvre de circonstance, cette Encyclique n'a point été, ainsi qu'il était arrivé en 1832 pour celle de Grégoire XVI, provoquée par les emportements de l'*Avenir* et les exigences de l'abbé de La Mennais ; aucune nécessité pressante, aucune réclamation publique n'obligeaient Rome à parler ; entre les catholiques absolutistes et les catholiques libéraux le débat était ancien et évidemment destiné à durer longtemps ; la Papauté ne pouvait se flatter d'y mettre un terme par une décision péremptoire ; elle devait aux uns et aux autres sa bienveillance. Certes le zèle des catholiques libéraux pour sa cause n'avait pas été le moins éclatant ni le moins utile ; il n'y avait pour Rome aucun péril, et il avait justice à garder au moins envers eux une attitude réservée et silencieuse. Après comme avant son Encyclique, ils ont eu droit à sa reconnaissante estime ; ni M. de Montalembert, ni le prince Albert de Broglie, ni M. de Falloux, ni M. Cochin, ni aucun de leurs amis n'ont suivi l'exemple de l'abbé de La Mennais ; aucun ne s'est irrité ou seulement ne s'est plaint : ils sont restés dans un silence respectueux. M. l'évêque d'Orléans a fait plus : homme d'action autant que de foi. Il a pensé qu'au milieu de l'orage, soulevé par l'Encyclique du 8 décembre, il devait se préoccuper des périls plus que des fautes, et qu'il convenait à un prêtre, qui avait soutenu la liberté, de soutenir aussi l'autorité violemment attaquée. Il s'est jeté dans l'arène pour couvrir, en tout cas, la Papauté de ses vaillantes armes ; après avoir fait acte de sage conseiller, il a fait acte de fidèle champion, et il a porté à ses adversaires de si rudes coups, qu'ils ont senti à leur tour la nécessité de se défendre, au milieu même du succès que l'Encyclique leur avait fait.

M. l'évêque d'Orléans est probablement réservé encore à bien des luttes diverses ; il peut lui arriver quelquefois de céder aux entraînements d'un tempérament guerrier et de porter la polémique là où elle n'est pas

(1) Guizot, *Méditations*, tome II, publié en 1866, p. 102.

naturellement appelée ; mais je serais surpris et attristé s'il ne restait pas toujours ce qu'il est aujourd'hui dans l'Eglise de France, le plus éclairé représentant de sa mission morale et sociale, comme le plus courageux défenseur de ses vrais et légitimes intérêts...

Les périls actuels du catholicisme sont évidents... Il a peine à s'adapter aux principes et aux besoins intellectuels et sociaux de notre temps... C'est là l'épreuve que le catholicisme traverse tous les jours. Pour la surmonter, il a deux grandes forces : l'une est la réaction religieuse qu'ont amenée les folies et les crimes de la Révolution ; l'autre, le mouvement libéral qui s'est manifesté parmi les catholiques... Le Concordat a relevé l'édifice de l'Eglise catholique ; l'esprit libéral travaille à y pénétrer et à y ramener la sympathie politique en y conservant la foi. Que les catholiques sérieux y regardent bien : là sont pour eux le meilleur point d'appui et la meilleure chance d'avenir ; maintenir fermement la forte constitution de leur Eglise et accepter franchement, en en usant eux-mêmes, les libertés de leur temps... (1)

Cette page de M. Guizot est d'un intérêt palpitant ; elle justifie pleinement l'exposé et les appréciations que contient notre étude. On croit parfois entendre Mgr Dupanloup lui-même (2).

En mettant sur le premier plan Mgr Dupanloup, nous appelions le public à suivre des yeux ses agissements ; l'attention générale devait être profondément excitée, et dès lors, il n'était plus possible que notre travail passât inaperçu.

C'est en ne tenant pas compte de la réflexion qui précède, que plusieurs se sont choqués trop vite du caractère de notre écrit. Voyant se dérouler les textes et les actes d'un même homme, instinctivement et sans s'en rendre bien compte, ils m'accusent de mettre dans mes critiques une sorte d'acharnement, de porter partout un œil scrutateur, en un mot, de multiplier les détails personnels. Mais, ici, n'y a-t-il pas chez eux un effet d'imagination ? Quand il entend toujours répéter le même nom, les mêmes titres et qualités, le lecteur, impartial d'ailleurs, finit par dire : mais ce censeur impitoyable ne fera grâce de rien ! On peut, j'en conviens, ressentir en me lisant quelque chose de semblable. Mais une impression ne suffit pas pour donner du corps à une objection. L'homme sérieux contrôle lui-même ses propres impressions, et il les dédaigne du moment qu'elles peuvent l'égarer.

Maintenant, les efforts que nous faisons pour dissiper les illusions des catholiques-libéraux, doivent-ils avoir pour résultat de gêner, en quoi que ce soit, l'action salutaire de Mgr Dupanloup dans les assemblées politiques et ailleurs ? Nullement ; le sénateur, sans doute aucun, servira les intérêts de l'Eglise de son mieux, et nous sommes persuadé qu'il déploiera à cet égard un zèle d'autant plus grand qu'il croira que son intervention, dans les circonstances passées, n'est pas suffisamment appréciée. L'homme politique modifiera ou ne modifiera pas ses idées ou ses livres, il

(1) Guizot, *Méditations*, tome II, publié en 1866, p. 103 et suiv.
(2) *Monseigneur Dupanloup*, p. 61 et suiv.

sera plus ou moins fort dans son attitude et son argumentation, mais jamais il ne désertera la mission qui lui est dévolue, quelles que soient les difficultés de la situation.

Ne croyons pas, cependant, qu'il soit impossible à un catholique, député ou sénateur, de prendre part aux affaires publiques, aux discussions parlementaires, sans accorder quelque chose aux erreurs du jour. On a prétendu que Mgr Dupanloup n'aurait pu obtenir soit la liberté de l'enseignement primaire et secondaire en 1850, soit celle de l'enseignement supérieur en 1875, sans génuflexions devant 89. Je me permets de dire que c'est une erreur profonde. Nous allons voir, je l'espère, le problème admirablement résolu par le vaillant comte de Mun, député du Morbihan ; et nous regrettons vivement, pour la renommée de Mgr l'évêque d'Orléans, que l'exemple soit donné par un autre que lui. Plus un catholique est ferré contre la thèse du libéralisme, plus il sera redoutable sur le terrain de l'hypothèse (1). Rien ne vaut une situation nette. Au *Syllabus* de 89, opposons carrément le *Syllabus* de 1864, et en même temps, par une argumentation *ad hominem* irrésistible, obtenons du régime en vigueur tout ce que l'inexorable logique doit lui arracher ; du moins, tant que la logique aura le droit de se faire entendre et trouvera des oreilles pour entendre.

Que le prestige de l'évêque d'Orléans ait à souffrir de notre publication, nous l'admettons. Mais, de bonne foi, à qui la faute ? Devons-nous subordonner la question de doctrine à la question de personne ? Tout homme grave, en pareil cas, ne sait pas hésiter. Autrement, que deviendraient les droits de la vérité et de l'histoire ?

On dit ensuite qu'il ne faut pas fomenter des divisions entre catholiques ; rien n'est plus juste. Or, l'union ne consiste pas à couvrir du silence certains points obstinément méconnus, mais bien à s'établir solidement sur le roc des principes ouvertement et unanimement proclamés, sur la soumission entière et sans réserve due aux décrets du Saint-Siége.

Il est à peine nécessaire de dire un mot de certaines appréhensions qui n'ont pas le moindre fondement. On n'a ici à redouter ni schisme ni hérésie. Si le Saint-Siége croit devoir demander à Mgr Dupanloup de corriger quelques-uns de ses textes, il est indubitable qu'il sera obéi, et que, du même coup, on obtiendra la soumission de tous les adhérents. Tandis que si, pour une cause ou une autre, les textes dont il s'agit demeurent sans contre-poids, on peut être convaincu que l'erreur subsistera, se consolidera, se propagera indéfiniment, et que l'autorité de l'évêque d'Orléans sera constamment invoquée contre celle du *Syllabus*.

Est-ce que, à cette heure même, le Saint-Siége et l'épiscopat espagnol ne combattent pas avec énergie en faveur de l'unité religieuse ?

(1) *Monseigneur Dupanloup*, p. 8.

Est-ce que le gouvernement de Madrid, pour justifier sa résistance et sa volonté de proclamer la liberté des cultes, ne peut pas invoquer l'opinion de Mgr Dupanloup? Afin que les lecteurs puissent joindre aux documents, déjà par nous publiés, la lettre apostolique adressée au cardinal Moreno, archevêque de Tolède, et à ses suffragants, le 4 mars dernier, nous en reproduirons les passages principaux :

Nous avons reçu votre lettre à laquelle était annexé un exemplaire imprimé de l'exposition ou pétition que vous avez rédigée pour la défense de l'unité du culte en Espagne, et que vous avez envoyée aux conseils supérieurs de ce royaume. Nous avons lu avec une grande satisfaction et cette lettre et le remarquable document publié par vous, où l'on sent le zèle d'une âme vraiment sacerdotale et qu'animent des sentiments sages, sérieux et nobles, tels que doivent en avoir ceux qui défendent une cause juste et sainte, et c'est avec consolation que nous vous avons vu rendre courageusement à la vérité, à la religion et à la patrie un service digne de votre ministère pastoral.....

Votre admirable sollicitude répond très-exactement à nos désirs et à nos efforts. En effet, nous n'avons jamais rien désiré plus vivement que de vous voir préservés du mal funeste de la destruction de l'unité religieuse, et, dans ce but, nous n'avons négligé de faire aucun effort, ni de remplir aucun des devoirs qui incombaient plus particulièrement à notre charge.....

A ces réclamations et à toutes celles des évêques et de la plus grande partie des fidèles d'Espagne, nous joignons de nouveau en cette occasion les nôtres, et nous déclarons que le susdit chapitre du projet de loi constitutionnelle, qui tend à attribuer la valeur et la force d'un droit public à la tolérance de tout culte non catholique, sous quelque forme qu'il soit présenté, lèse absolument les droits de la religion catholique, abroge contre tout droit la convention conclue entre le Saint-Siége et le gouvernement espagnol sur le point le plus important et le plus précieux, charge l'Etat d'un grand forfait; et, en ouvrant la porte à l'erreur, élargit la voie de la persécution de la religion catholique; en outre elle prépare une accumulation de maux pour la perte de cette illustre nation qui, en repoussant cette liberté ou tolérance en question, demande de tous ses moyens et par toutes ses forces que l'unité religieuse qu'elle a reçue de ses ancêtres, et qui est intimement liée aux monuments de son histoire, à ses mœurs, à sa gloire nationale, soit maintenue saine et sauve.

Cette déclaration de nous, nous vous demandons, cher fils et vénérables frères, de la faire connaître à tous, et nous désirons que tous les fidèles d'Espagne soient convaincus que nous sommes prêts à défendre auprès de vous et avec vous, par tous les moyens en notre pouvoir, la cause et les droits de la religion catholique. Nous prions de tout cœur le Dieu tout-puissant d'inspirer de salutaires conseils à ceux qui dirigent les destinées de cette nation.....

Cette lettre magnifique peut servir de pendant à celle que Pie VII fit parvenir à l'évêque de Troyes, en 1814, pour empêcher que la liberté des cultes fût inscrite dans la Charte (1). Or, à un enseignement si formel, est-ce que Mgr Dupanloup peut souffrir qu'on vienne opposer les lignes suivantes dont il est l'auteur?

(1) *Monseigneur Dupanloup*, p. 13.

Les institutions libres, la liberté de conscience... la liberté des opinions... tout cela nous l'acceptons franchement... Il est vrai, ceux qui nous ont précédés, dans la carrière, vécurent quelque temps dans la défiance de ces institutions... Mais enfin, chose nouvelle et heureuse! la paix peut se faire. Ces libertés, si chères à ceux qui nous accusent de de ne pas les aimer, nous les proclamons, nous les invoquons pour nous comme pour les autres. Fort de nos convictions, inébranlables dans l'amour de la vérité catholique, nous demeurons, dans le fond de nos âmes, immuables comme l'Eglise au milieu des agitations humaines; mais aussi, charitables et éclairés comme elle, nous ne repoussons pas, en les réclamant pour nous, une tolérance sincère des hommes qui s'égarent, une discussion large et généreuse des opinions honnêtes (1)...

Repousser cet insensé et coupable indifférentisme et les conséquences de licence absolue qui en découlent, est-ce repousser la tolérance pour les personnes et la liberté civile des cultes? On ne l'a jamais dit, et tous les théologiens, disent le contraire. En fait, jamais les Papes n'ont entendu condamner les gouvernements qui ont cru devoir, selon la nécessité des temps, écrire dans leurs constitutions cette tolérance, cette liberté. Que dis-je? le Pape lui-même la pratique à Rome. « C'est l'er« reur qui est un mal, et non pas la loi qui, dans une bonne intention, « tolère l'erreur. » Voilà ce que je lis dans un livre récemment imprimé à Rome, sous les yeux de l'*Index* (2).

Quant à la liberté, voici ce que les projets de restauration monarchique vous offrent : 1° les libertés civiles et religieuses.....; 4° la liberté de la presse; 5° la liberté de conscience et des cultes...; 10° et en général tout ce qui constitue le droit public actuel des Français..... Les hommes qui veulent le rétablissement de la monarchie, voilà les garanties, voilà les libertés qu'ils ont stipulées..... Citez une liberté actuelle qui soit oubliée, je vous en défie! On parle d'une revanche de 89, et précisément c'est la monarchie nationale et constitutionnelle de 89 que l'on rappelle! Voilà la vérité (3).

L'illustre publiciste a-t-il fait la moindre chose pour empêcher les libéraux de tous les pays d'abuser de ces textes? Et qu'on le remarque bien, plus les services rendus par Mgr Dupanloup sont éclatants, plus multipliés sont les témoignages d'estime qu'on lui accorde, plus sa réputation est immense, et plus ses ouvrages et les principes qu'ils renferment seront proclamés comme une règle sûre : la conséquence est inévitable.

XVII.

Sans méconnaître les sentiments de vénération, de reconnaissance publique, dont Mgr l'évêque d'Orléans est entouré, sans contester le moins du monde la peine que mon livre a pu faire à plusieurs de ceux qui l'admirent, nous croyons que cet état de l'opinion ne suffit pas pour expliquer la vive émotion qui s'est produite. Si tant d'esprits se sont irrités, c'est que pour la première fois peut-être la

(1) *Monseigneur Dupanloup*, p. 6.
(2) *Ibid.*, p. 66.
(3) *Ibid.*, p. 125. — *Lettre à M. de Pressensé.*

fausseté des doctrines qu'ils caressent a été mise devant eux en lumière pleine, irrésistible, de telle sorte que l'illusion et la neutralité ne demeurent plus possibles : le rêve s'est évanoui.

Quantité de lecteurs ne connaissaient guère, en fait d'arguments contre le libéralisme, que les trois propositions rangées sous le paragraphe X du *Syllabus*, propositions qu'ils interprétaient à leur convenance; mais quand ils ont pu constater que ces propositions avaient déjà contre elles les condamnations de Pie VI, de Pie VII et de Grégoire XVI (1); que l'enseignement de Pie IX est en parfaite harmonie avec celui de ses prédécesseurs, leur mécontentement et leur dépit se sont manifestés et, se trouvant hors d'état de contredire les graves documents qu'on leur opposait, ils se sont dédommagés sur l'auteur qu'ils ont couvert d'injures, et auquel ils ont prêté les motifs les plus bas, espérant ainsi par leurs clameurs couvrir notre faible voix et dérouter l'opinion.

Le plan des catholiques libéraux est exactement celui des jansénistes du XVIIe et XVIIIe siècles. Au regard des décrets du Saint-Siége, le silence révérentiel, et même une certaine adhésion. Les jansénistes disaient : Nous condamnons les cinq propositions ; mais ces cinq propositions ne sont pas dans le livre de Jansénius. Les catholiques libéraux disent aujourd'hui : Nous condamnons le libéralisme, mais il n'est pas dans les œuvres de Mgr Dupanloup. Nous ne voulons pas dire néanmoins que l'Eglise ait déclaré que le libéralisme soit professé dans les écrits de l'illustre évêque; et ceci est essentiel. A cet égard, nous ignorons ce que le Saint-Siége prononcera un jour ou l'autre; lorsque nous avançons que les œuvres dont il s'agit contiennent le libéralisme, nous parlons seulement comme théologien, et même simplement comme historien et critique littéraire. Mais cela suffit pour soulever contre nous des orages. Disluter des doctrines abstraites, cela touche peu nos adversaires, mais dire clairement : c'est vous qui enseignez telle doctrine, *tu es ille vir !* aussitôt maître et disciples se sentent personnellement atteints, et il ne leur reste plus d'autre parti à prendre que de réfuter péremptoirement les imputations formulées ou de se reconnaître fautifs; et comme l'un et l'autre leur paraissent impossibles, ils se plaignent, ils se lamentent à propos d'indiscipline cléricale, de calomnies et autres griefs imaginés pour le besoin de la cause.

Les réflexions suivantes que Bourdaloue adressait aux jansénistes conviennent aussi à certains catholiques libéraux :

Est-ce que vous êtes dans l'opinion que telles et telles propositions, que les uns attaquent avec tant de zèle, et que les autres défendent avec tant de chaleur, ne sont d'aucune cons quence à l'égard de la foi, et que, de quelque manière que vous en pensiez, votre religion n'en sera pas moins pure ni votre croyance moins orthodoxe ?... On peut dire de certaines matières que l'Eglise les abandonne à nos vues particulières et à

(1) *Monseigneur Dupanloup*, p. 11 et suiv.

nos raisonnements. Les esprits sont partagés sur ce qui n'est point défini... Je sais qu'on s'efforce de vous persuader qu'il en est de même des points dont il s'agit présentement; car c'est là que tendent ces discours que vous entendez maintenant : qu'on veut tyranniser les esprits et leur ôter une liberté qui leur est acquise de plein droit, qu'on veut bannir des écoles catholiques les plus grands maîtres... qu'on veut proscrire des opinions répandues de toutes parts... que ce sont au reste de ces sentiments qu'on peut embrasser ou contredire sans cesser d'être uni à l'Eglise... Voilà ce qu'on vous rebat continuellement et ce qu'on tâche de vous imprimer dans l'esprit, et voilà en même temps ce qui vous rassure. Mais n'est-ce point une fausse assurance que celle où vous êtes? Ne vous trompez-vous point? Ne vous trompe-t-on point? Un doute de cette nature, et sur un sujet de cette importance, mérite bien que vous preniez la peine de l'éclaircir... Or, où en chercherez-vous l'éclaircissement et où le trouverez-vous? Vous l'avez dans vos mains et sous vos yeux.... ces anathèmes partis du Siége apostolique..... vous pouvez vous figurer que tout cela ne tombe que sur de pures opinions, que sur des opinions permises et arbitraires? Vous me répondez qu'on vous le dit de la sorte; mais qui sont ceux qui vous le disent? Quels qu'ils puissent être, devez-vous compter sur leur témoignage, lorsque vous le voyez démenti par l'Eglise universelle?

Malheureuse neutralité qui forme tant de fausses consciences! car sous le frivole et vain prétexte qu'on demeure à l'écart et qu'on ne prend part à rien, on croit sa conscience en sûreté..... neutralité favorable à toutes les hérésies et qui sert à les établir et à les répandre..... Une infinité de personnes, même de ceux qui ne sont point mal intentionnés, se laissent surprendre à ce piége. Que ne vit-on en paix, disent-ils, et pourquoi tout ce bruit? J'aimerais autant, quand le loup est dans la bergerie et que le berger crie de toutes ses forces pour appeler du secours, qu'on lui demandât pourquoi il se donne tant de mouvements et fait tant de bruit. Sans ces mouvements, sans ce bruit, que deviendrait le troupeau? La paix est à désirer : qui en doute? mais il faut que ce soit une bonne paix (1).

XVIII

Au point où nous sommes arrivés, il n'est pas inutile de jeter un regard en arrière. Nous avons dit, en commençant, toutes les imputations dirigées contre le livre et son auteur. A prendre les choses telles qu'elles se présentaient il y a trois mois, celui-ci ne pouvait manquer d'être lapidé; l'appel au Saint-Siége ne faisait que prolonger son agonie et multiplier ses angoisses. Ce fut, de la part de ses adversaires, une nouvelle illusion. Le droit canonique, néanmoins, n'est pas muet sur la matière, puisqu'il existe dans les décrétales un titre *De clerico maledico et percussore.* Mais ces dispositions, sans doute, ne s'appliquent pas au cas présent, autrement on ne s'expliquerait pas le silence de Rome, qui sait mieux que qui que ce soit ap-

(1) *De l'Eglise et de la soumission qui lui est due. — Neutralité dans les contestations de l'Eglise.*

précier une faute et son étendue. Ceci doit étonner beaucoup ceux qui trouvaient le désordre tellement flagrant qu'une défense ou atténuation quelconque leur semblait absolument impossible. Nous ne voulons pas pourtant affirmer que, dans notre livre et dans le fait de sa publication, il n'y ait pas quelque chose à regretter, tout ici dépend du point de vue où l'on se place ; dans tous les cas nous pouvons invoquer en pleine sincérité la droiture de nos intentions.

Dès à présent, une chose saute aux yeux, savoir que le livre, depuis trois mois, est soumis au Saint-Siége et que, sans que personne puisse prévoir et préjuger la décision qui interviendra, si même il doit y en avoir une, l'impression générale de ceux qui se croient informés est que le livre ne sera point blâmé : d'où il est loisible de conjecturer que les arguments développés ci-dessus en faveur de l'auteur, et d'autres, que la perspicacité des juges ne peut manquer de découvrir, ne sont pas sans mérite. Espérons donc que les efforts des catholiques libéraux pour obtenir une condamnation, fût-elle indirecte, échoueront devant la justice et la fermeté du Saint-Siége, qui sait parfaitement discerner où sont ses vrais amis. Telle est notre inébranlable confiance, attendu que tout succès, même apparent, des catholiques libéraux, serait par eux très-habilement exploité au profit de leur système, et que l'erreur regagnerait ainsi tout le terrain qu'elle a perdu.

XIX

En 1875, parut à Arras, chez l'éditeur Victor Brunet, un volume in-douze de 450 pages, intitulé : *Mgr Dupanloup et extraits de ses œuvres*, par M. l'abbé Dourlens ; ce volume fait partie de la collection des *Gloires du catholicisme au* XIXe *siècle*. Ce travail n'est, d'un bout à l'autre, qu'un dithyrambe. Nous avons vainement cherché trace de la plus légère critique, d'une réserve quelconque. Un jour, disions-nous plus haut, on écrira la vie de Mgr Dupanloup avec la collection des *Annales religieuses* d'Orléans, auxquelles on doit ajouter bien d'autres journaux également voués à l'admiration perpétuelle, et le récit n'en sera pas plus digne de confiance ; la chose est déjà faite, autant qu'elle peut l'être. Ainsi donc les matériaux pour l'histoire s'accumulent ; avis aux écrivains sérieux.

L'œuvre de M. l'abbé Dourlens confirme pleinement tout ce que nous avons dit de la tactique des catholiques libéraux, principalement en ce qui touche l'approbation que le Siége apostolique aurait constamment donnée au système de Mgr Dupanloup. Les citations suivantes vont le démontrer.

On cherche vainement, dans le livre dont il s'agit, les extraits de la *Pacification religieuse*, où se trouve le programme adopté dès 1845, et cette omission atteste le soin que prend le biographe d'adoucir les passages difficiles à digérer. Il fallait pourtant articuler quelque chose, et, parmi les pages dudit ouvrage que M. Dourlens a cru devoir choisir, nous citerons celle-ci qui a bien son fumet.

Hommes de la société spirituelle, dit M. Dupanloup dans l'Introduction, nous abandonnons exclusivement et sans regrets à la société laïque le gouvernement des peuples, quelque forme qu'il revête. Nous ne nous renfermons pas cependant dans cette abnégation passive. Nous venons en aide à la société laïque en lui donnant ce qui ne lui est pas possible de se donner elle-même, c'est-à-dire des âmes préparées aux vertus sociales, vouées au bien de l'humanité, dignes de l'honorer, capables de la servir. Nous proclamons le pouvoir de la société laïque, nous le recommandons au respect, à l'obéissance, à l'amour des hommes; nous le regardons comme l'expression extérieure de la providence de Dieu. Pour nous, ses droits sont sacrés, sa gloire nous est chère, ses malheurs sont les nôtres; nous partageons toutes ses destinées, nous obéissons à ses lois ; et, après Dieu, il n'est rien qui sollicite et remue plus profondément notre cœur, notre conscience, notre dévouement, que le nom et la voix de la patrie.

Temporellement soumis au pouvoir temporel, celui-ci nous gouverne, nous emploie, nous plie à tous ses besoins, à toutes ses formes ; mais, au-dessus des choses de ce monde la société spirituelle réclame les âmes comme son domaine spécial, comme sa charge providentielle. Elle les forme pour la société laïque, mais elle ne s'en dépossède pas; l'une en a l'usage dans son but temporel, l'autre la responsabilité dans son but éternel. Ces deux sociétés, en un mot, parallèles plutôt que rivales, sont faites pour vivre ensemble sans se confondre; tout empiétement de l'une sur l'autre est un malheur; le problème ne peut se résoudre que par leur indépendance réciproque, c'est-à-dire, par la liberté : la liberté, c'est la paix (1).

Nous estimons qu'il n'est pas possible à tout théologien, philosophe, littérateur, de traverser cette tirade sans se sentir heurté. Qu'on veuille bien comparer cette phraséologie libérale aux pages de M. Charles Périn sur le même sujet, on verra la différence (2). L'apothéose de la société laïque, imprimée en 1845, nous explique le mot : *et laïque, si vous le voulez*, que la gauche a obtenu en 1873, du prélat député, lors de la discussion sur l'assistance publique (3). Écoutons maintenant le biographe panégyriste.

M. l'abbé Dupanloup, écrit M. Dourlens, prouva, de la manière la plus décisive, à l'illustre historien de la Revolution (M. Thiers) que ce qu'il y a de bon dans la Révolution française lui vient de l'Eglise. Concluant, il établit que le clergé accepte et proclame tout ce qu'il y a d'acceptable dans les principes de la Révolution française. Les amis de la liberté d'enseignement saluèrent l'apparition du livre de la *Pacification* comme un triomphe pour leur cause, et ses adversaires, placés dans les plus hautes positions du monde politique, donnèrent à l'auteur les témoignages les plus flatteurs de leur satisfaction et d'un assentiment presque sans restriction. A ces sympathies unanimes de l'opinion publique dans notre pays, la cour de Rome ajouta la consécration suprême de son autorité, par un bref, qui prouve combien elle s'intéressait à ces débats si gra-

(1) *Mgr Dupanloup et extraits de ses œuvres*; p. 126.
(2) *Les lois de la société chrétienne.*
(3) *Monseigneur Dupanloup*, p. 136.

ves, et combien elle approuvait le projet de pacification conçu par M. l'abbé Dupanloup, et à la réalisation duquel il devait tant contribuer plus tard. (1).

Le lecteur a pris connaissance de la lettre de S. S. Grégoire XVI, et il a pu se convaincre que le Pape ne dit absolument rien du *projet de pacification*, dont la base, en droit, était inacceptable (2).

A propos de l'entrée de Mgr Dupanloup dans le journalisme, M. l'abbé Dourlens écrit ceci :

Depuis longtemps déjà, on désirait voir cet intrépide champion soutenir de son influence et de sa plume l'action de quelque journal. Différentes tentatives avait été faites pour le faire entrer à l'*Union catholique* et à l'*Univers*. Le savant directeur des *Annales de philosophie chrétienne* avait essayé de l'attacher à sa revue. Il avait constamment refusé (3)...

En ce qui touche l'*Univers*, nous affirmons que M. l'abbé Dupanloup n'a pas été à même de refuser (4).

Nous n'avons nullement le dessein de nous constituer l'Aristarque de M. l'abbé Dourlens, nous voulons seulement signaler ses tendances sur les points essentiels. Voici, par exemple, l'idée qu'il nous donne de la brochure : *La Convention du 15 septembre et l'Encyclique du 8 décembre :*

Dans les interprétations qu'elle avait données de l'Encyclique, la presse négligeait les règles les plus élémentaires de la théologie et de la logique. C'est ainsi que Pie IX, le Pape le plus franchement libéral, le plus ami des progrès et de la civilisation, qui l'a prouvé non-seulement par ses paroles, mais encore par ses actes, était accusé d'avoir posé l'antagonisme entre l'Eglise d'une part et le progrès et la civilisation moderne de l'autre :

Que Pie IX qui, à l'exemple des Papes ses prédécesseurs, admet la tolérance des personnes et la liberté civile des cultes, était accusé de condamner la liberté de conscience; tandis qu'il condamne simplement l'indifférentisme religieux. « C'est l'erreur qui est un mal et non pas la loi qui, dans une bonne intention, tolère l'erreur. (5). »

Que Pie IX enfin qui, le premier, a essayé de donner la liberté au peuple qu'il gouverne, qui a béni les efforts de ceux de ses enfants qui se sont servis de la tribune et de la presse pour conquérir la liberté religieuse, était accusé de rejeter la liberté politique.

A vrai dire, la confusion était grande. Faire disparaître les malentendus, dissiper les mensonges, intimider les haines, indiquer les erreurs, mettre enfin l'Encyclique en pleine lumière et lui rendre son véritable sens, tel fut le but que se proposa l'infatigable évêque d'Orléans. L'approbation de Pie IX et les félicitations de 630 évêques apprirent bientôt qu'il avait dignement rempli sa tâche (6).

Cette page de M. l'abbé Dourlens est la pleine justification de ce que nous avons écrit. Encore un écrivain, à qui n'a pas profité la

(1) *Mgr Dupanloup et extraits de ses œuvres*, p. 139 et suivantes.
(2) *Monseigneur Dupanloup*, p. 18.
(3) *Mgr Dupanloup, etc.*, 161.
(4) *Monseigneur Dupanloup*, p. 20.
(5) *Monseigneur Dupanloup*, p. 66.
(6) *Mgr Dupanlou., etc.*, p. 263.

dure leçon administrée, en 1867, par le congrès catholique de Malines; et qui persiste à faire peser sur Pie IX la responsabilité des énormités que renferme la brochure épiscopale de 1865.

Au sujet du Concile, voici la narration du biographe :

Sous l'inspiration de plusieurs écrivains religieux, un immense mouvement s'était opéré dans le but d'obtenir du Concile la définition de l'infaillibilité du Pape. Mgr Dupanloup crut devoir s'opposer à ce qu'il considérait comme un entraînement irréfléchi. Bien qu'admettant et qu'ayant plusieurs fois hautement professé l'infaillibilité papale, il en jugeait la définition inutile et inopportune.

Il exposa avec mesure, gravité et charité les motifs qui l'engageaient à repousser ce que d'autres provoquaient. Il ne le fit pas impunément; et l'on vit ce grand évêque, qui a consacré toute sa vie à la défense de la Papauté, et aux vaillants combats duquel on devait peut-être la possibilité de la réunion du Concile, devenir, de la part de certains catholiques, l'objet d'attaques et de procédés qui nécessitèrent de sa part de véhémentes remontrances (1).

Cette dernière ligne vise l'*Avertissement à M. Louis Veuillot*. M. l'abbé Dourlens s'imagine que les *Observations* du 11 novembre 1869 et l'*Avertissement* sont écrits « avec mesure, gravité et charité! » On ne saurait être plus complaisant. L'écrivain ne dit pas un seul mot de l'attitude de Mgr Dupanloup dans la question monarchique; il passe également sous silence l'incident relatif à l'étendard du Sacré-Cœur, la *Lettre à M. Minghetti sur la spoliation de l'Eglise*, et l'*Etude sur la Franc-Maçonnerie*. Ces omissions ont lieu de nous surprendre.

Quoi qu'il en soit, il est assez remarquable que ma publication ait suivi de si près celle de M. l'abbé Dourlens. Dans la nature, à côté de certaines plantes, on en trouve ordinairement d'autres, qui ont la vertu d'obvier aux inconvénients des premières; dans le monde de la publicité, il y a aussi des compensations. M. l'abbé Dourlens et moi nous avons travaillé à l'insu l'un de l'autre et dans un esprit très-différent, la Providence veut néanmoins que nos deux œuvres naissent en même temps et qu'elles soient en quelque sorte inséparables; par conséquent, la vérité historique ne peut manquer de ressortir dans son intégrité : c'est là tout notre désir.

XX

Nous achevions notre *Défense*, lorsque l'*Univers* du 2 mai vint mettre sous nos yeux l'admirable discours de Mgr Freppel, évêque d'Angers, prononcé à Paris, dans l'église de la Madeleine, le 30 avril, en faveur des cercles catholiques d'ouvriers. Nous croyons y découvrir assez de réminiscences de notre étude sur Mgr Dupanloup

(1) *Monseigneur Dupanloup*, p. 384.

pour avoir le droit d'en tirer profit. Le lecteur en jugera par les extraits suivants :

Une doctrine se forma, vaste, résultant de toutes les erreurs des siècles passés. Radicalisme des sectes du moyen âge, paganisme de la renaissance, libre examen du protestantisme, tout cela vint se réunir dans une négation plus audacieuse que toutes les précédentes. Alors on entendit un cri qui, jeté une première fois à travers la grande scène du Calvaire, n'avait plus retenti dans le monde depuis Constantin : *Nolumus hunc regnare super nos*, « nous ne voulons pas que le Christ règne sur la société humaine... » La Révolution c'est la société déchristianisée, c'est le Christ refoulé au fond de la conscience individuelle, banni de tout ce qui est social... C'est la nation chrétienne débaptisée, répudiant sa foi historique, traditionnelle, et cherchant à se reconstruire, en dehors de l'Evangile, sur les bases de la raison pure, devenue la source unique du droit et la seule règle du devoir (1).

Ce qui pourra nous sauver, ce ne sont pas des expédients, des habiletés, des équivoques, des demi-vérités : frêle barrière que tout cela contre l'ennemi qui s'avance.

Le salut est dans la restauration de la société chrétienne. Le salut, c'est le Christ replacé au sommet des intelligences et au plus profond des cœurs ; le Christ reprenant possession du foyer domestique et de la cité ; le Christ, pénétrant de sa doctrine l'enseignement, la législation, l'autorité; le Christ en haut, en bas, au milieu, partout ; le Christ Roi et Père, juge et sauveur, lumière et vie. Voilà le salut ! Donc, affirmons ces choses d'une voix unanime ; répétons-les sans trêve ni relâche ; arborons hardiment le drapeau de la Foi, et sur ce drapeau écrivons, comme mot de ralliement, l'antique devise de l'espérance chrétienne : *In hoc signo vinces*, « par ce signe vous vaincrez. »

Mais pour vaincre dans les luttes de la doctrine, il faut un guide sûr et qui ne puisse pas transiger... La Papauté, qui avait présidé à la formation des nations chrétiennes... ne pouvait assister en silence à la destruction d'une œuvre qui était, en grande partie, la sienne. Elle devait élever sa grande voix pour donner au monde un enseignement. Elle n'avait pas reculé, en d'autres temps, ni devant les empereurs romains, ni devant les césars de Byzance, ni devant les potentats de l'Allemagne ; la Révolution allait la retrouver au poste de l'honneur et du combat.

Et c'est là, mes frères, l'imposant spectacle auquel nous assistons depuis cent ans : la lutte de la Papauté avec la Révolution. Depuis le bref de Pie VI au cardinal de La Rochefoucauld jusqu'à l'Encyclique *Quanta cura* de Pie IX, la chaire apostolique n'a cessé de faire entendre au monde moderne ses solennels avertissements (2). Chaque fois que la Révolution dépouillait d'un rayon la royauté sociale de Jésus-Christ, une Encyclique partait de Rome, pénétrante comme la pointe d'un glaive, lumineuse comme l'éclair dans une nuit d'orage. Elle allait frapper tout droit la fausse liberté, la fausse égalité, la fausse autorité, toutes ces idoles contemporaines aux bras d'airain et aux pieds d'argile. Elle rappelait aux rois et aux peuples que la religion est le fondement de la société civile ; que le règne de Jésus-Christ est la fin principale des institutions humaines... Tout cet enseignement s'est ramassé dans un document célèbre, vrai palladium de la société humaine en péril, épouvantail pour ceux qui ne l'ont pas lu, et qui ne le liront jamais; pierre d'achoppement pour ceux qui, l'ayant lu, n'ont pas eu l'esprit de le comprendre ; colonne

(1) *Monseigneur Dupanloup*, p. 10.
(2) *Monseigneur Dupanloup*, p. 11 et suiv.

de lumière pour les hommes de bonne foi et de bonne volonté qui, l'ayant lu et compris, ont eu la force et le courage de proclamer que le *Syllabus* porte dans ses flancs la restauration de la société chrétienne.

Ce courage, vous l'avez eu, messieurs, et c'est ce qui a donné à votre œuvre son vrai caractère. Vous lui avez donné pour base « les définitions de l'Eglise sur ses rapports avec les sociétés civiles ; » vous avez compris que, pour lutter avec succès contre l'esprit d'orgueil et d'indiscipline, qui est le propre esprit de la Révolution, il fallait commencer par un acte d'humilité et par un hommage rendu au principe d'autorité dans sa plus haute personnification.

Il ne manque pas de chrétiens parmi nous qui considèrent ces déclarations de l'Eglise comme une pure théorie, sans application pratique : hommes de courte vue, qui s'imaginent sauver la vérité en pactisant avec l'erreur, et qui tiennent pour une habileté suprême d'avoir un pied dans l'Eglise et un autre dans la Révolution. Ils prennent le langage de nos adversaires, et, sous prétexte de les ramener, ils se laissent gagner par eux. Confiants dans leurs propres lumières, ils se croient plus sages que les sages d'Israël, et admettent volontiers qu'eux seuls connaissent leur temps et leur pays. Comme ces Juifs imprudents qui, pour n'avoir pas voulu écouter Judas et ses frères, c'est-à-dire le prince et le sacerdoce, allaient au-devant d'une défaite certaine, ils méritent qu'on leur applique ces paroles sévères de l'historien des Machabées : « Ils n'étaient pas de la race de ces hommes par qui le salut est venu en Israël, » *Illi autem non erant de semine virorum illorum per quos salus facta est in Israel* (I Mac. V. 62). Telle n'est pas votre attitude. Une adhésion absolue aux principes qu'ont posés les Souverains Pontifes dans leurs immortelles encycliques : voilà votre programme. Grand exemple, et qui ne manquera pas de porter ses fruits (1)...

XXI

Nous ne quitterons pas la plume sans déclarer ici que nous pardonnons du fond du cœur à tous ceux qui ont dénigré notre livre et notre personne, ou qui se maintiennent en état d'hostilité à notre endroit. Nous leur souhaitons mille prospérités et mille bénédictions, venant soit des hommes, soit du ciel. Nous sommes dans la disposition constante de leur rendre non-seulement tous les devoirs et tous les égards que la charité et la politesse prescrivent, mais encore tous services en notre pouvoir. Un moment, nous avons eu le dessein de citer les plus malveillants devant la justice humaine, mais ce mot d'un homme d'esprit nous a complétement désarmé : « Combattant Achille, dédaignez Myrmidon ! » L'observation, trop flatteuse pour nous, est néanmoins juste ; nous la mettons en pratique.

(1) *Monseigneur Dupanloup*, p. 156.

985.76. — Boulogne (Seine). — Imprimerie JULES BOYER.

www.ingramcontent.com/pod-product-compliance
Lightning Source LLC
LaVergne TN
LVHW020435230826
846091LV00004B/1505

* 9 7 8 2 0 1 1 9 1 1 0 4 9 *